KB188306

법 화 경 ①

우리출판사

사경의 목적

사경은 경전의 뜻을 보다 깊이 이해하려는 목적도 있지만, 부처님의 말씀을 옮겨 쓰는 경건한 수행을 통해 자기의 신심信心과 원력을 부처님의 말씀과 일체화시켜서 신앙의 힘을 키워나가는데 더 큰 목적이 있다.

조용히 호흡을 가다듬고 부처님의 말씀을 마음으로 되새기며, 정신을 집중하여 사경에 임하다 보면 자신도 모르는 사이에 사경삼매에 들게 된다. 또한 심신心身이 청정해져 부처님의 마음과 통하게 되니, 부처님의 지혜의 빛과 자비광명이 우리의 마음속 깊이 스며들어 온다.

그러면 몸과 마음이 안락과 행복을 느끼면서 내 주변의 모든 존재에 대한 자비심이 일어나니, 사경의 공덕은 이렇듯 그 자리에서 이익을 가져온다.

사경하는 마음

경전에 표기된 글자는 단순한 문자가 아니라 부처님께서 깨달은 진리라는 상징성을 갖고 있다. 경전의 글자 하나하나가 중생구제를 서원하신 부처님의 마음이며, 중생을 진리의 길로 인도하는 지침인 것이다.

예로부터 사경을 하며 1자3배의 정성을 기울인 것도 경전의 한 글자 한 글자에 부처님이 함께하신다고 생각했기 때문이다. 사경이 수행인 동시에 기도의 일환으로 불자들에게 널리 행해지는 까닭이 여기에 있다.

사경은 부처님의 가르침과 함께하는 시간이며 부처님과 함께하는 시간이다. 부처님의 말씀을 가슴으로 받아들이고 마음으로 찬탄하며 진실로 기쁘게 환희로워야 하는 시간인 것이다.

따라서 사경은 가장 청정한 마음으로 임해야 한다.

사경의 공덕

- ※ 마음이 안정되고 평화로워져 미소가 떠나질 않는다.
- ※ 부처님을 믿는 마음이 더욱 굳건해진다.
- ※ 번뇌 망상, 어리석은 마음이 사라지고 지혜가 증장한다.
- ※ 생업이 더욱 번창한다.
- ※ 좋은 인연을 만나고 착한 선과가 날로 더해진다.
- ※ 업장이 소멸되며 소원한 바가 반드시 이루어진다.
- ※ 불보살님과 천지신명이 보호해 주신다.
- ※ 각종 질환이나 재난, 구설수 등 현실의 고苦를 소멸시킨다.
- ※ 선망조상이 왕생극락하고 원결 맺은 다겁생의 영가들이 이고득락離苦得樂한다.
- ※ 가정이 화목하고 자손들의 앞길이 밝게 열린다.

사경하는 절차

1. 몸을 깨끗이 하고 옷차림을 단정히 한다.
2. 사경할 준비를 갖춘다.(사경상, 좌복, 필기도구 등)
3. 삼배 후, 의식문이 있으면 의식문을 염송한다.
4. 좌복 위에 단정히 앉아 마음을 고요히 한다.
   (잠시 입정하면 더욱 좋다.)
5. 붓이나 펜으로 한 자 한 자 정성스럽게 사경을 시작한다.
6. 사경이 끝나면 사경 발원문을 염송한다.
7. 삼배로 의식을 마친다.

- ◆ 기도를 더 하고 싶을 때에는 사경이 끝난 뒤, 경전 독송이나 108배 참회기도, 또는 그날 사경한 내용을 참구하는 명상 시간을 갖는 것도 좋다.
- ◆ 사경에 사용하는 붓이나 펜은 사경 이외의 다른 용도에 사용하지 않도록 한다.
- ◆ 완성된 사경은 집안에서 가장 정갈한 곳(혹은 높은 곳)에 보관하거나, 경건하게 소각시킨다.

차 례

발 원 문

년 월 일

1. 서 품

이와 같이 내가 들었다.

한때, 부처님께서 왕사성 기사굴산에서 만이천 명의 큰 비구들과 함께 계셨으니, 이들은 아라한으로서 모든 망상이 이미 다하여 번뇌를 일으키지 아니하며, 깊은 진리를 얻어 존재의 굴레에서 벗어나 마음의 자재를 얻은 이들이었다.

그들의 이름은 부처님의 설법을 가장 먼저 깨친 아야교진여, 옷과 밥과 집에 대한 탐냄과 얽매임을 모두 떨쳐버린 마하가섭, 승단을 높이 떨친 우루빈나가섭, 마음의 모든 번뇌를 항복받은 가야가섭, 교화에 뛰어난 나제가섭, 지혜가 으뜸가는 사리불, 신통이 으뜸가는 대목건련, 부처님 가르침을 가장 쉽게 풀이하는 마하가전연, 남을 꿰뚫어 보는 아누루타, 천문과 역술에 뛰어난 겁빈나, 계율 풀이의 으뜸인 교범바제, 마음과 생각이 흔들리지 않고 바른 이바다, 경행과 좌선을 잘하는 필릉가바차, 병 없고 욕심 적은 박구라, 어려운 물음에 답 잘하는 마하구치라, 기쁜 마음으로 설법하는 난타, 부처님처럼 빼어난 모습의 손타라난타, 실천적인 용기와 설득의 힘을 가진 설법의 으뜸인 부루나 미다라니자, 모든 것이 빈 것에 의한 것임을 가장 잘 아는 수보리, 부처님을 늘 모신 아난, 늘 겸허한 몸가짐의 라후라 등이니, 이들은 널리 알려져 있는 큰 아라한들이었다.

아직 배우는 이와 다 배운 이 이천 명이 있었고 마하파사파제 비구니는 육천 명의 권속과 함께 있었으며, 라후라의 어머니 야수다라 비구니도 그의 권속들과 함께 하였다.

또 보살마하살 팔만 인이 있었으니, 위없이

높고 바른 깨달음에서 물러서지 아니하며, 다라니와 말 잘하는 변재를 다 얻어 물러나지 않는 법의 바퀴를 굴리며, 헤아릴 수 없는 백천 부처님께 공양하고 여러 부처님 계신 곳에서 온갖 덕의 근본을 심어 항상 여러 부처님의 칭찬을 받으며, 대자대비로 몸을 닦아 부처님의 지혜에 잘 들며, 큰 지혜를 통달하여 열반의 언덕에 이르니 그 이름이 한량없는 세계에 널리 퍼져 무수한 백천 중생을 제도하는 이들이 함께 함이라.

그들의 이름은 지혜와 복덕을 두루 갖춘 문수사리보살, 지혜로 뭇 삶의 고통을 꿰뚫어 보아 없애주는 관세음보살, 훌륭한 덕행을 고루 갖춘 득대세보살, 세운 뜻을 굳게 밀고 나가는 상정진보살, 수억 겁을 쉬지 않고 부지런히 닦아가는 불휴식보살, 법의 보배를 손에 쥔 보장보살, 뭇 삶의 근기에 맞춰 약을 내리는 약왕보살, 용맹스런 용시보살, 맑고 밝은 보월보살, 미혹의 어둠을 밝혀주는 월광보살, 보월과 월광의 두 가지 덕을 갖춘 만월보살, 큰 가르침을 등에 짊어진 대력보살, 사물에 대하여 조금도 마음을 움직이지 않는 무량력 보살, 몸과 뜻을 전혀 나타내지 않는 월삼계 보살, 바르게 보는 것을 훌륭히 지키는 발타 바라보살, 오는 세상 부처 되실 미륵보살, 중생을 이롭게 하는 보적보살, 그릇된 사람을 올바르게 이끄는 도사보살 등 보살마하살 팔만 명이 함께 있었다.

그때, 욕계 도리천의 제석천인(석제환인)은 그의 권속 이만 명과 함께 있었고, 또 도리천궁 안에 사는 달의 천자인 명월천자, 별의 천자인 보향천자, 해의 천자인 보광천자, 도리천 밖을 지키는 동쪽의 지국천과 남쪽의 증장천과 서쪽의 광목천과 북쪽의 다문천 등 네 곳을 지키는 사대천왕도 그의 권속 일만 명과 함께 있었으며, 화락천의 임금인 자재천자와 타화천의 임금인 대자재천자는 그의 권속 삼만 명과 함께 있었으며, 색계 사선 십팔천의 초선인 삼범천에 왕이 있으되, 사바세계의 임자이며 범천왕인 시기대범, 이선 삼광 천왕인 광명대범 등은 그의 권속 일만 이천 명과 함께 있었다.

여덟 용왕이 있었으니, 목련존자가 교화한 난타 용왕, 때 맞추어 비를 내리는 발난타 용왕, 바다에 사는 사가라 용왕, 머리가 여러 개 달린 화수길 용왕, 혓바닥이 여러 개 달린 덕차가 용왕, 번뇌가 없어지는 연못인 아욕지에 사는 아나바달다 용왕, 큰 몸 나투는 마나사 용왕, 연화지에 사는 우발라 용왕 등이 각각 여러 백천 권속들과 함께 있었으며,

네 긴나라왕이 있었으니, 네 가지 거룩한 진

리를 노래하는 법 긴나라왕, 십이인연을 노래하는 묘법 긴나라왕, 육바라밀을 노래하는 대법 긴나라왕, 일승을 노래하는 지법 긴나라왕이 각각 여러 백천 권속들과 함께 있었으며,

네 건달바왕이 있었으니, 노래와 춤에 능한 악 건달바왕, 북과 관현악에 능한 악음 건달바왕, 빼어난 재주를 가진 미 건달바왕, 빼어난 음악을 연주하는 미음 건달바왕이 각각 여러 백천 권속들과 함께 있었으며,

네 아수라왕이 있었으니, 걸핏하면 싸움질하는 바치 아수라왕, 바닷물을 높이 치솟게 하는 거라건타 아수라왕, 바다에 풍장을 일구는 비마질다라 아수라왕, 해와 달을 가리는 라후 아수라왕이 각각 여러 백천 권속들과 함께 있었으며,

네 가루라왕이 있었으니, 용을 잡아 늘 먹고 있는 대위덕 가루라왕, 무리 중에서 몸이 가

장 큰 대신 가루라왕, 언제 어디서나 뜻대로
용을 잡아 배불리 먹는 대만 가루라왕, 입속
에 구슬을 가진 여의 가루라왕이 각각 여러
백천 권속들과 함께 있었으며,
위제희의 아들 아사세왕도 여러 백천 권속들
과 함께 있었으니, 이들은 각각 부처님 발에
절하고 물러가 한쪽에 앉았다.
그때, 세존께서는 사부대중에게 에워싸여 공
양과 공경 · 존중 · 찬탄을 받으시며 여러 보
살들을 위하여 대승경을 설하시니, 이름이
《무량의경》이라, 이는 보살을 가르치는 법이
며 부처님께서 보호하는 경전이었다.
부처님께서 이 경을 설하여 마치시고 가부좌
를 하시어 무량의처삼매에 드시니 몸과 마음
이 움직이지 않으셨다.
이때, 하늘에서는 만다라꽃 · 마하만다라꽃 ·
만수사꽃 · 마하만수사꽃들이 부처님과 여러

대중에게 비 내리듯 뿌려졌으며, 널리 부처님
세계는 여섯 번 진동하였다.
이때, 대중 가운데 있던 비구 · 비구니 · 우바
새 · 우바이와 하늘 · 용 · 야차 · 건달바 · 아수
라 · 가루라 · 긴나라 · 마후라가 · 사람인 듯
아닌 듯한 것들과 여러 소왕 · 전륜성왕 등 여
러 대중들은 전에 없던 일을 만나 기뻐하며 합
장하고 한마음으로 부처님을 우러러보았다.
이때, 부처님께서는 눈썹 사이의 흰 터럭으로
부터 밝은 빛을 놓으시어 동방 일만팔천 세계
를 비추시니, 아래로는 아비지옥에 이르고 위
로는 유정천에 이르기까지 두루 비추지 않은
곳이 없었다. 그 빛으로 하여 이 세계에서 저
국토까지의 육도중생을 다 볼 수 있었고 또 저
국토에 계신 모든 부처님을 볼 수 있었으며, 여
러 부처님께서 설하시는 경전의 법문을 들으며,
아울러 저 국토의 비구 · 비구니 · 우바새 · 우

바이들이 여러 가지 수행으로 도를 얻는 것을 보고, 보살마하살들이 갖가지 인연으로 온갖 신행과 여러 가지 모습으로 보살도 행함을 보며, 또 모든 부처님이 열반에 드심을 보고, 부처님이 열반에 드신 뒤에 부처님 사리를 받들어 칠보로 탑을 세우는 것을 보았다.

이때, 미륵보살은 이렇게 생각하였다.

'지금 세존께서 신기한 신통변화를 나타내시니 무슨 인연으로 이런 상서로움을 일으키는 것일까! 지금 부처님께서는 삼매에 드셨으니, 이 생각으로 헤아릴 수 없는 희유한 경계를 누구에게 물어야 하며, 누가 능히 대답할 수 있을까!'

다시 이렇게 생각하였다.

'저 문수사리법왕자는 과거에 헤아릴 수 없는 부처님을 가까이 모시며 공양해 왔으니, 반드시 이렇게 희유한 광경을 보았으리라. 내

이제 그에게 물어 보리라.'

이때, 비구 · 비구니 · 우바새 · 우바이와 모든 하늘 · 용 · 귀신들도 이런 생각을 하였다.

'이 부처님의 밝은 빛과 신통한 모습을 누구에게 물어야 할 것인가.'

이때, 미륵보살이 자기의 의심을 해결하고 또 비구 · 비구니 · 우바새 · 우바이와 모든 하늘 · 용 · 귀신 등 육도중생의 마음을 헤아려서 문수사리에게 물었다.

"무슨 인연으로 이런 상서로움이 있으며, 신통한 모습으로 큰 광명을 놓아 동방 일만팔천 국토를 비추어 부처님 나라의 장엄을 다 보게 되나이까."

미륵보살은 이 뜻을 거듭 펴려고 게송으로 물었다.

문수사리 보살이여 도사께서 무슨 일로
눈썹 사이 흰 터럭으로 큰 빛을 비추시며

만다라꽃 만수사꽃 비 내리듯 뿌려지며
전단향 맑은 바람 여러 마음 기뻐하니
이와 같은 인연으로 땅이 모두 깨끗하며
모든 세계가 여섯 번 진동하네.
이를 보는 사부대중 모두 다 기뻐하며
몸과 뜻이 유쾌하여 없던 것을 얻었나이다.
백호상에서 놓은 큰 빛 동쪽으로 멀리 비춰
일만팔천 국토마다 금빛처럼 찬란하니
아래로는 아비지옥 위로는 유정천까지
그 여러 세계 중에 여섯 갈래 중생들이
나고 죽어 가는 것과 선악의 업장인연
곱고 밉게 받는 과보 이 모두를 보나이다.
또 보니 여러 부처님 성주이신 사자들이
법화경을 설하시니 미묘하기 제일이며
그 음성이 청정하고 부드러운 말씀으로
셀 수 없는 만억 대중 보살들을 가르치니
범음이 깊고 묘해 듣는 사람 기뻐하고

각각 여러 세계에서 바른 법을 설하시되
여러 가지 인연들과 한량없는 비유로써
부처님 법 밝게 비춰 많은 중생 깨우치니
어떤 사람 늙고 병나 죽는 고통 싫어하면
열반법을 설하시어 그 아픔을 끊게 하고
어떤 사람 복이 있어 부처님께 공양하여
수승한 법 구하면은 연각법을 설해주며
만일 어떤 불자들이 여러 가지 행을 닦아
무상 지혜 구하면은 청정도를 설해주네.
문수사리 보살이여 내가 여기 있으면서
보고 들음 이와 같아 천만 가지 많은 일을
많은 중생 위하여서 이제 대강 말하리다.
내가 보니 저 국토의 항하 모래 같은 보살
여러 가지 인연으로 부처님 도 수행하되
어떤 이는 보시할 때 금과 은과 산호들과
진주 등의 마니보배 자거들과 많은 마노
금강석과 여러 보배 남종 여종 수레들과

보배로 된 연과 가마 기뻐하며 보시하여
불도에 회향하니 삼계에서 제일 가는
대승법을 구할 적에 여러 부처 찬탄받고
혹은 어떤 보살들은 네 말 끄는 보배수레
난간 화개 빛나게 꾸민 것을 보시하며,
또 보니 어떤 보살 손과 발과 몸뚱이와
처자까지 보시하여 위없는 길 구하고
또 어떤 보살들은 머리와 눈, 몸뚱이를
기쁘게 보시하여 부처 지혜 구하나이다.
문수사리 보살이여 내가 보니 여러 왕들
부처님께 나아가서 위없는 법문 듣고
국토와 좋은 궁전 비빈 신하 다 버리고
출가하여 머리 깎고 법복을 입었나이다.
혹은 보니 어떤 보살 큰 뜻 품고 비구되어
고요한 데 있으면서 경전 읽기 즐겨하고
또 보니 보살들이 용맹하게 정진하며
깊은 산에 들어가서 불도 깊이 생각하며

혹은 보니 욕심 떠나 고요한 데 머물면서
깊은 선정 닦으면서 다섯 가지 신통 얻네.
혹은 보니 보살들이 합장하고 편히 앉아
천만 가지 게송으로 부처님을 찬탄하며
다시 보니 어떤 보살 지혜 깊고 뜻이 굳어
부처님께 묻자옵고 듣는 대로 간직하며
혹은 보니 불자들이 선정 지혜 다 갖추어
한량없는 비유로써 대중 위해 법 설하며
기쁜 마음 설법하여 여러 보살 가르치고
마구니들 파한 뒤에 법고를 둥둥 치며
다시 보니 보살들이 묵연하게 앉아 있어
하늘 용이 공경해도 기뻐하지 아니하고
또 보니 어떤 보살 숲속에서 큰 빛 놓아
지옥 고통 건져내어 부처님 도 들게 하며
혹은 보니 불자들이 잠도 자지 아니하고
숲속을 거닐면서 불도 힘껏 구하며
또 보니 계 가진 이 몸가짐을 다 갖추어

청정무구 보옥처럼 부처님 도 구하며

다시 보니 불자들이 참는 힘이 훌륭하여

거만한 사람들이 욕을 하며 때려도

그 모두를 능히 참아 부처님 도 구하며

다시 보니 보살들이 희롱하고 웃는 일과

어리석음 다 버리고 지혜인을 친근하며

어지런 맘 가다듬어 숲속에 고이 앉아

천억만 년 지내면서 부처님 도 구하며

다시 보니 어떤 보살 희유한 밥과 음식

여러 가지 탕약으로 삼보 앞에 보시하고

천냥 만냥 값 나가는 훌륭한 의복이나

값도 모를 좋은 옷을 삼보님께 보시하며

천만억 여러 가지 전단으로 지은 집과

여러 가지 묘한 침구 삼보님께 보시하고

꽃과 열매 무성한 청정스런 숲과 동산

맑은 못 흐르는 물 삼보전에 보시하며

여러 가지 아름답고 좋은 것을 보시하되

기뻐하는 마음으로 위없는 도 구하며
다시 보니 어떤 보살 적멸한 법 설하여서
무량무수 중생들을 갖가지로 가르치며
혹은 보니 여러 보살 법의 성품 허공 같아
두 모양이 없는 줄을 진실하게 관찰하며
혹은 보니 어떤 불자 얽매이는 마음 없어
미묘한 지혜로써 위없는 길 구하더이다.
문수사리 보살이여 혹은 어떤 보살들은
부처님이 가신 뒤에 사리에 공양하고
혹은 보니 여러 불자 항하의 모래같이
무량무수 탑을 세워 국토마다 장엄하니
아름다운 그 보배탑 높이가 오천 유순
가로 세로 다 같이 이천 유순 장엄했네.
이러한 탑과 묘와 당과 번이 일천이요
진주로 된 휘장에는 보배 방울 울려오니
하늘 용과 여러 귀신 사람인 듯 아닌 듯한 이
향과 꽃과 기악으로 항상 공양하옵니다.

문수사리 보살이여 많고 많은 불자들이
사리 공양 위하여 모든 탑을 장엄하니
이 세계가 자연스레 찬란하게 아름다워
도리천의 원생수에 꽃이 핀 듯하옵니다.
부처님 놓으신 빛 이 세계의 아름다움
갖가지로 빼어남을 우리들이 보나이다.
여러 부처 신통한 힘 그 지혜가 희유하사
밝은 빛 놓으시어 무량세계 비추시니
이를 보는 우리들은 없던 것을 얻나이다.
문수사리 보살이여 의심 풀어 주옵소서.
사부의 여러 대중 나와 당신 바라보니
세존께서 무슨 일로 이 큰 빛을 놓나이까.
보살께서 답하시어 의심 풀어 주옵소서.
무슨 이익 있사옵기 이런 큰 빛 놓나이까.
부처님 도량에서 얻으신 미묘한 법
말씀하려 하나이까 수기 주려 하나이까.
여러 곳 부처님 땅 보배로써 장엄함과

부처님을 뵙게 됨은 적은 인연 아니오니
문수사리 보살이여 사부중과 용과 신이
당신만을 바라보니 이 뜻을 설하소서.

이때, 문수사리가 미륵보살마하살과 여러 대중들에게 말하였다.

"선남자들이여, 내가 생각하기로는 부처님께서는 큰 법을 설하시며, 큰 법비를 내리시며, 큰 법소라를 부시며, 큰 법북을 치시며, 큰 법의 뜻을 말씀하시려는 것 같습니다.

선남자들이여, 나는 과거의 여러 부처님 계신 곳에서 이러한 상서로움을 보았으니, 이 밝은 빛을 놓으시고는 곧 큰 법을 설하셨습니다. 그러므로 지금 부처님께서 밝은 빛을 놓으심도 그와 같아 중생들로 하여금 온갖 세간에서 믿기 어려운 법을 듣고 알게 하시려고 이 상서로움을 나타내신 줄로 아옵니다.

선남자들이여, 과거에 헤아릴 수 없고 가이없

는 불가사의한 아승지겁에 부처님이 계셨으니, 그 이름을 일월등명이라 하셨는데 진리를 몸으로 나타내신 여래이시며, 세상의 모든 이로부터 공양을 받으실 수 있는 응공이시며, 그 지혜가 참되어 모든 것을 정확히 꿰뚫어 보시는 정변지이시며, 이 지혜와 실행을 고루 갖추신 명행족이시며, 모든 미혹을 여의신 선서이시며, 모든 경우를 뚜렷이 아시는 세간해이시며, 위없이 완전한 인격자이신 무상사이시며, 모든 생명체를 뜻대로 가르치시고 이끌어주시는 힘을 가진 조어장부이시며, 하늘과 인간의 스승이신 천인사이시며, 완전한 깨달음을 여신 부처님이시며, 이 세상에서 가장 거룩하신 세존이라 하였습니다.

바른 법을 설하시니 처음과 중간과 끝도 좋으며, 그 뜻은 매우 깊고 그 말씀은 오묘하며 순일하여 섞임이 없고, 맑고 깨끗한 범행의 모습을 갖추었습니다.

성문을 구하는 이에게는 사제법을 설하시어 나고·늙고·병들고·죽음을 건너 마침내 열반에 이르게 하시고, 벽지불을 구하는 이에게는 십이인연법을 설하시며, 보살들에게는 육바라밀을 설하시어 위없이 높고 바른 깨달음을 얻어 모든 지혜의 씨앗을 이루게 하셨습니다.

그 다음에 다시 부처님이 계셨으니 이름이 일월등명이시고, 그 다음에 부처님이 계셨으니 그 부처님 이름 또한 일월등명이시며, 이와 같이 이만 부처님 모두의 이름이 일월등명이셨고 성씨도 같아서 '파라타'라 하였습니다.

미륵이여, 마땅히 알으소서. 처음 부처님이나 나중 부처님의 이름이 다 같은 일월등명이시며 열 가지 이름을 다 갖추고 말씀하신 바, 법문도 처음과 중간과 끝이 다 훌륭하셨습니다.

그 마지막 부처님께서 출가하시기 전에 여덟

왕자가 있었으니 첫째는 이름이 유의요, 둘째는 이름이 선의요, 셋째는 이름이 무량의요, 넷째는 이름이 보의요, 다섯째는 이름이 증의요, 여섯째는 이름이 제의의요, 일곱째는 이름이 향의요, 여덟째는 이름이 법의라. 이 여덟 왕자는 위덕이 자재하여 각각 네 천하를 다스렸습니다.

이 왕자들은 아버님께서 출가하여 위없이 높고 바른 깨달음을 얻으셨다는 소식을 듣고 모두 왕위를 버리고 출가하여, 대승의 뜻을 일으켜 범행을 닦아 모두 법사가 되어 천만 부처님이 계신 곳에서 여러 가지 선근을 심었습니다.

이때, 일월등명불께서 대승경을 설하시니 이름을《무량의경》이라 하는 데, 보살을 가르치는 법이며 부처님께서 보호하시는 경이었습니다.

이 경을 설하신 뒤 대중 가운데서 일월등명불
이 가부좌를 하시고 무량의처삼매에 드시니
몸과 마음이 움직이지 않으셨으며, 이때 하늘
에서는 만다라꽃 · 마하만다라꽃 · 만수사
꽃 · 마하만수사꽃 등 꽃비를 내리어 부처님
과 대중 위에 뿌리니, 온 부처님 세계가 여섯
번 떨리어 움직였습니다.
이때, 회중의 비구 · 비구니 · 우바새 · 우바
이 · 하늘 · 용 · 야차 · 건달바 · 아수라 · 가루
라 · 긴나라 · 마후라가 · 사람인 듯 아닌 듯
한 것과 여러 소왕과 전륜성왕 등의 많은 대
중들은 일찍이 없던 것을 얻어 기쁨에 넘쳐
합장하고 한마음으로 부처님을 우러러보았습
니다.
이때, 여래께서는 눈썹 사이의 흰 터럭으로부
터 밝은 빛을 놓으시어 동방의 일만팔천 불국
토를 비추시니, 두루 미치지 않은 곳이 없으

며 지금 보는 이 모든 부처님 나라와 같았습니다.

미륵이여, 마땅히 알으소서. 이 회중에 십이억 보살이 법을 듣고자 하며, 이 모든 보살들은 그 밝은 빛이 여러 부처님의 나라에 비침을 보고 일찍이 없던 것을 얻어, 이 밝은 빛이 비치게 된 까닭을 알고자 하고 있었습니다.

그때, 한 보살의 이름은 묘광으로 팔백 제자를 거느리고 있었습니다. 이때 일월등명불은 삼매에서 일어나 묘광보살로 인하여 대승경을 설하시니, 이름은 《묘법연화경》이라. 보살을 가르치는 법이며, 부처님께서 보호하고 생각하시는 경입니다.

육십 소겁 동안을 자리에서 일어나지 않으셨고 그때, 청중들도 한곳에 앉아 육십 소겁 동안 몸과 마음을 움직이지 않고 부처님의 설법 듣기를 밥 먹는 동안으로 생각하였으니 대중

가운데 한 사람도 몸과 마음에 지루한 생각을
내는 이가 없었습니다.
일월등명불께서는 육십 소겁에 이 경을 설해
마치시고 범천·마왕·사문·바라문과 하늘·
사람·아수라 등에게 이렇게 말씀하셨습니다.
'여래는 오늘 밤중에 무여열반에 들겠노라.'
그때, 한 보살이 있었으니 이름이 덕장으로
일월등명불께서 그에게 수기를 하시면서 비
구들에게 말씀하셨습니다.
'이 덕장보살은 다음에 반드시 성불하리니
이름을 정신 다타아가도 아라하 삼막삼불타
라 하리라.'
부처님께서는 수기를 주시고 밤중에 무여열
반에 드셨습니다.
부처님께서 멸도하신 뒤 묘광보살은 묘법연
화경을 가지고 육십 소겁이 되도록 사람들에
게 설법하였으며 일월등명불의 여덟 왕자는

모두 묘광보살을 스승으로 섬기니, 묘광보살은 그들을 교화하여 위없이 높고 바른 깨달음에 견고케 하였으며 여덟 왕자들은 헤아릴 수 없는 백천만억 부처님께 공양하고 다 부처님 도를 이루었으니, 마지막에 성불한 부처님의 이름은 연등이었습니다.

팔백 제자 중에 한 사람이 있었으니 이름은 구명입니다. 이익을 탐내므로 여러 경전을 독송하지만 뜻을 통하지 못하고 잊어버림이 많으므로 구명이라 한 것입니다. 그러나 이 사람 또한 모든 선근을 심은 인연으로 헤아릴 수 없는 백천만억 부처님을 만나게 되어 공양·공경하고 존중·찬탄하였습니다.

미륵이여, 마땅히 알으소서. 그때 묘광보살은 다른 사람이 아니라 바로 내가 묘광이며, 구명보살은 바로 그대 미륵입니다. 이제 이 상서로움을 보니 예전과 다름이 없으므로 생각

하건대 오늘 여래께서 대승경을 설하시리니,
경의 이름은 《묘법연화경》이요 보살을 가르치
는 법이며 부처님께서 보호하시는 경입니다."
이때, 문수사리보살은 대중 가운데서 이 뜻을
펴려고 게송으로 말하였다.

생각하면 지난 세상 한량없이 오랜 겁에
부처님이 계셨으니 그 이름이 일월등명
세존께서 법 설하여 많은 중생 제도하고
수없는 여러 보살 불지혜에 들게 하며
그 부처님 출가 전에 낳으신 여덟 왕자
부왕의 출가 보고 범행 따라 닦았네.
부처님 설하신 경 이름은 《무량의경》
여러 대중 가운데에 널리 분별하셨노라.
이 경 다 설하시고 법좌에 가부좌 하사
깊은 삼매 드시오니 그 이름은 무량의삼매.
하늘에선 꽃비 오고 하늘북 절로 울려
여러 천룡 귀신들 세존께 공양하고

모든 여러 국토 큰 진동이 일어나며
백호상에서 놓는 큰빛 희유한 일 나타내네.
이 큰 빛이 동방으로 일만팔천 불토 비춰
모든 중생 나고 죽는 그 업보를 볼 수 있고
그 많은 불토마다 보배로써 장엄하니
유리 빛과 파려 빛을 큰 빛으로 보게 되고
또한 보니 하늘 사람 용과 신과 야차들과
건달바와 긴나라들 부처님께 공양하네.
또한 보니 여러 여래 자연스레 성불하사
금빛 같은 그 몸매에 단정하고 미묘하여
깨끗한 유리 속에 진금상호 나투신 듯
대중 속에 계신 세존 깊은 법을 베푸시니
하나하나 불세계에 무수한 성문 대중
부처님의 큰 빛으로 대중을 다 보았네.
또한 여러 비구들이 숲속에 있으면서
정진하여 가진 계행 밝은 구슬 보호하듯
혹은 보니 여러 보살 보시하고 인욕하는

그 수가 항하 모래 부처님 빛 비치면은
여러 보살 보게 되니 모든 선정 깊이 들어
몸과 마음 고요하여 위없는 길 구하며
혹은 보니 여러 보살 적멸한 법 알아서
그 국토에 설법하여 부처님 도 구하시네.
그때에 사부대중 일월등명 부처님의
큰 신통의 힘을 보고 그 마음이 환희하며
서로서로 묻는 말이 이런 일은 무슨 인연
천인 공경 받는 세존 삼매에서 일어나서
묘광보살 칭찬하길 너는 세상 눈이 되니
모든 중생 귀의처라 이 법장을 받들어라.
내가 설한 모든 법을 그대만이 능히 알리.
세존께서 찬탄하니 묘광보살 기뻐하네.
이 《법화경》 설하시기 육십 소겁 지나도록
자리에서 뜨지 않고 설하신 미묘한 법
묘광보살 법사께서 모두 받아 지니었네.
이 《법화경》 설하시어 중생 모두 기쁘게 해

그날 바로 천인들과 대중에게 이르시되
모든 법의 참다운 뜻 그대들께 말했으니
나는 이제 오늘 밤에 열반에 들어가리.
그대들은 한맘으로 정진하고 방일 말라.
부처 출현 어려워라 억겁에나 만나 볼까.
부처님의 여러 제자 부처 열반 소식 듣고
슬픈 마음 각각 품네 열반 어찌 빠르신가.
세존이신 법왕께서 무량 중생 위로하며
내가 열반하더라도 너희들은 걱정 말라.
여기 덕장보살께서 새지 않는 참다운 법
마음에 통달하여 이 다음에 성불하면
정신이라 이름하여 많은 중생 제도하리.
부처님이 멸도하니 섶 다하여 불꺼진 뒤
많은 사리 나누어서 셀 수 없는 탑 세우니
비구들과 비구니 그 수도 항하 모래
더욱 더 정진하여 위없는 도 구하였네.
묘광법사 보살께서 부처님의 법장 지녀

팔십 소겁 긴 세월에 법화경을 설하시니
그 왕자가 여덟 사람 묘광법사 교화 받고
위없는 도 견고하여 많은 부처 뵈오면서
여러 부처 공양하고 큰 도를 따라 닦아
차례대로 성불하며 점차로 수기하니
최후의 천중천은 그 이름이 연등부처.
여러 신선 도사되어 무량 중생 제도하네.
묘광보살 법사에게 한 제자 있었으니
마음 항상 게으르고 이익에만 탐착하며
이름 이익 구하여서 귀족 집만 드나들며
하던 공부 내던지고 깨닫지를 못한지라.
이러한 인연으로 그 이름이 구명이라.
그도 또한 선업으로 많은 부처 만나 뵙고
부처님께 공양하며 큰 도를 닦고 닦아
육바라밀 갖추어서 석가 세존 친견하고
이 다음에 부처 되어 미륵이라 이름하여
많은 중생 제도하니 그 수가 끝없으리.

저 부처님 멸도한 뒤 게으른 자 그대이며

그때의 묘광법사 지금의 내 몸이라.

내가 본 등명부처 본 상서가 이러하니

이 부처님 이런 서광 법화경을 설하리라.

지금 광명 옛날 상서 여러 부처 방편이라.

이제 세존 광명 놓아 참다운 뜻 나투시니

그대들이 바로 알아 한맘으로 기다리면

부처님 법비 내려 구도자를 충족하리.

삼승법을 구하는 이 만일 의심 가지면은

부처님이 그 의심을 남김 없이 끊어주리.

2. 방편품

그때, 세존께서 조용히 삼매에서 일어나시어
사리불에게 말씀하셨다.
"여러 부처님의 지혜는 매우 깊어 헤아릴 수
없으며, 그 지혜의 문은 이해하기도 어렵고
들어가기도 어려워서 성문이나 벽지불이 능
히 알 수 없느니라.
왜냐하면 부처님은 일찍이 백천만억의 헤아
릴 수 없는 부처님을 가까이 모시어 모든 부
처님의 헤아릴 수 없는 법을 닦아 수행하였
고, 용맹 정진하여 이름이 널리 알려졌으며,
매우 깊은 일찍이 없던 법을 성취하시어 근기
따라 설하시니 그 뜻은 알기 어려우니라.
사리불아, 내가 성불한 이래로 갖가지 인연과
여러 가지 비유로 널리 교법을 폈고, 수없는
방편으로 중생을 인도하여 모든 집착을 여의

게 하였노라. 이는 여래가 방편바라밀과 지견
바라밀을 다 갖춘 공덕이니라.
사리불아, 여래의 지견은 광대하고 심원하여
무량 · 무애 · 힘 · 무소외 · 선정 · 해탈삼매에
깊이 들어감이 가이없어 모두 일찍이 없던 법
을 성취하였노라.
사리불아, 여래는 갖가지로 분별하여 모든 법
을 훌륭하게 설하되 말씀이 부드러워 중생들
의 마음을 기쁘게 하노라.
사리불아, 요약하여 말하면 헤아릴 수 없고
가이없으며, 일찍이 없던 법을 내가 다 성취
하였노라.
그만두어라, 사리불아. 더 말하지 않겠노라.
왜냐하면 부처님이 성취한 바는 희유한 것이
며 알기 어려운 법으로써, 오직 부처님만이 모
든 법의 실상을 다 깨달아 알기 때문이니라.
이는 모든 법이 이와 같은 모양과 이와 같은

성품 · 이와 같은 본체 · 이와 같은 힘 · 이와
같은 작용 · 이와 같은 원인 · 이와 같은 연 ·
이와 같은 결과 · 이와 같은 갚음 · 이와 같은
본말구경이기 때문이니라."
이때, 세존께서 위의 뜻을 거듭 펴시려고 게
송으로 말씀하셨다.

거룩하신 부처님은　여러 하늘 세상 인간
여러 중생 누구라도　부처님 알 리 없네.
부처님의 크신 힘과　해탈과 여러 삼매
부처님의 모든 법을　헤아릴 이 없노라.
본래부터 여러 부처　다 갖추어 행하면서
깊고 넓은 미묘한 법　보고 알기 어려워서
끝없는 오랜 세월　여러 가지 도를 닦아
정진에서 얻은 결과　내 모두 보고 아네.
이와 같이 크고 크신　성품과 모양 뜻은
나와 시방 부처님만　이러한 줄 알고 있네.
이런 법 보일 수 없고　말로는 할 수 없어

하물며 중생들이 누가 알고 이해하랴.

믿는 힘이 견고한 보살들은 빼더라도

부처님의 제자들이 부처님께 공양 올려

온갖 번뇌 망상 다해 최후 몸에 머문 이와

중생들 그 누구도 부처 지혜 알지 못해.

세상 여러 법계 중생 사리불과 같은 지혜

다 함께 헤아려도 부처 지혜 알지 못해.

시방에 사리불같은 가득 찬 제자들이

모두 함께 생각해도 부처 지혜 알지 못해.

위없이 높고 바른 깨달음의 세계이니

영리한 벽지불의 샘이 없는 최후 몸이

시방세계 충만하여 그 수가 대숲 같아도

그들 마음 합하여 무량한 억천만겁

부처 지혜 생각해도 한 부분도 알지 못해.

초발심한 보살들이 부처님께 공양 올려

뜻과 이치 요달하고 능히 설법 잘하는 이

그 수 시방 그득하여 벼 삼 대와 갈대같아

한결같은 지혜로　항하 모래 같은 경전
모두 다 헤아려도　부처 지혜 알 수 없고,
물러남 없는 보살　항하 모래만큼 많아
한맘으로 생각해도　다시 알지 못하네.
사리불께 말하노니　생각으로 알 수 없는
깊고 넓은 미묘법을　나는 모두 갖추었네.
내가 이 모양 알고　부처님도 또한 아네.
사리불아 알아둬라　부처 말씀 틀림없어
부처 설한 미묘 법문　크게 믿고 힘을 내면
세존 설법 오랜 뒤에　진실한 법 듣게 되네.
성문 연각 법을 구한　너희들을 위한 고로
고통 속박 벗어나서　열반 얻게 하리니
부처님 방편으로　삼승법을 보인 것은
중생들의 집착심을　벗어나게 한 것이라.

이때, 대중 가운데 여러 성문과 번뇌가 다한 아라한과 아야교진여 등 일천이백 명과 성문·벽지불의 마음을 일으킨 비구·비구니·

우바새 · 우바이 등이 제각기 이런 생각을 하였다.

'지금 세존께서는 은근히 방편을 찬탄하시며, 부처님께서 얻으신 법은 매우 깊어 이해하기 어렵고 말씀하시는 뜻도 알기 어려워 모든 성문이나 벽지불이 미칠 수 없다고 하시는가. 부처님께서 해탈의 뜻을 설하사 우리도 이 법을 얻어 열반을 이루었는데 지금 말씀하시는 뜻을 알 수 없구나.'

이때, 사리불은 비구 · 비구니 · 우바새 · 우바이 등 사부대중이 의심하고 자기도 알지 못하므로 부처님께 여쭈었다.

"세존이시여, 무슨 인연으로 여러 부처님의 제일 방편과 깊고 묘하여 이해하기 어려운 법을 은근히 찬탄하십니까. 저는 예로부터 부처님께서 이렇게 말씀하시는 것을 듣지 못하였습니다.

지금 사부대중이 모두 의심하고 있으니, 바라옵건대 세존께서는 이 일을 알기 쉽게 설하여 주소서. 세존께서는 무슨 인연으로 깊고 미묘하여 알기 어려운 법을 은근히 찬탄하십니까."

이때, 사리불은 이 뜻을 거듭 펴려고 게송으로 말하였다.

지혜의 태양 대성존 이런 법 말씀하시니
이 같이 얻은 진리 두려움 없는 삼매의 힘
적멸 선정 해탈법과 생각할 수 없는 큰 법
정진으로 얻었지만 묻는 이 하나 없고
그 뜻 깊고 어려워서 감히 물어볼 수 없네.
도 행하여 얻은 해탈 매우 깊은 미묘 지혜
부처님만 얻는 바라 대중 위해 설하시네.
번뇌 없는 아라한과 열반법을 구하는 이
지금 모두 의심 내니 무슨 일로 말씀할까.
성문 연각 보살들과 사부대중 여러 권속
하늘 용과 수라 귀신 건달바 긴나라들

서로 보고 의심하며　양족존만 바라보네.
이런 일은 무슨 이유　부처님 설하소서.
성문 무리 가운데　제가 제일이라지만
아무리 생각해도　의문 풀지 못합니다.
이것이 구경법인지　수행할 도리이온지
부처님께 귀의한 불자 합장하고 기다리니
미묘하신 음성으로　말씀하여 주옵소서.
여러 하늘, 용과 귀신　항하 모래 수와 같고
깨달음 구하는 보살　팔만 명이 넘어서니
여러 억만 국토에서　모여든 전륜성왕
공경스런 마음으로　말씀 원하옵니다.
이때, 부처님께서 사리불에게 말씀하셨다.
"그만두어라. 그만두어라. 다시 말하지 말라.
만일 이 일을 말하면 모든 세간의 하늘이나
인간들이 다 놀라고 의심하리라."
사리불이 거듭 부처님께 여쭈었다.
"세존이시여, 원컨대 말씀하여주소서. 오직

원컨대 말씀하여주소서. 여기에 모인 무수한 백천만억 아승지 중생들은 일찍이 여러 부처님을 친견하여 육근이 영리하고 지혜가 밝아서 부처님께서 설하심을 들으면 공경하고 기뻐할 것입니다."

이때, 사리불이 이 뜻을 펴려고 게송으로 말하였다.

법왕이신 세존이시여 염려 말고 말씀하소서.
여기 모인 무량 대중 공경 믿음 있습니다.

부처님께서 다시 사리불을 말리셨다.

"그만두어라, 사리불아. 만약 이 일을 말하면 모든 세간의 하늘이나 인간들이나 아수라들은 다 놀라고 의심할 것이며, 오만한 비구는 깊은 구렁에 떨어지리라."

이때, 부처님은 거듭 게송으로 말씀하셨다.

그만둬라 말을 말자 미묘하고 어려우니
증상만이 듣는다면 반드시 믿지 않으리.

이때, 사리불은 거듭 부처님께 여쭈었다.
"세존이시여, 바라노니 설해주소서. 바라노니 설해주소서. 이 모임 가운데 저희와 같은 백천만억 대중들은 세세생생에 부처님의 교화를 받았으니 이러한 대중들은 반드시 공경하며 믿고 편안할 것이니 이익이 많으오리다."
이때, 사리불은 이 뜻을 펴려고 게송으로 여쭈었다.

양족존 세존이시여 그 법을 말씀하소서.
부처님의 아들이니 원컨대 말씀하소서.
셀 수 없이 모인 대중 공경하고 믿으리다.
부처 나는 세상마다 교화하여 주셨으니
일심으로 합장하고 듣기를 원합니다.
일천이백 모든 대중 부처님 도 구하는 이
이들을 위하시어 말씀하여 주신다면
대중은 듣기만 해도 큰 기쁨 내겠습니다.

이때, 세존께서 사리불에게 이렇게 말씀하셨다.

"그대가 간곡하게 세 번이나 청하였으니 어찌 말하지 않겠느냐. 그대는 이제 자세히 듣고 잘 생각하라. 내 이제 그대를 위해 분별하여 말하리라."

이 말씀을 하실 때 회중에 있던 비구·비구니·우바새·우바이 등 오천 사람이 자리에서 일어나 부처님께 절하고 물러갔다. 이 오천의 무리는 죄업이 깊고 무거우며 교만하여 얻지 못하고도 얻었다 하고, 깨치지 못하고도 깨쳤다고 하는 이런 허물이 있는 까닭에 물러가는 것을 보시고서도 세존은 잠자코 계셨다.

이때, 부처님께서 사리불에게 말씀하셨다.

"남은 이 대중은 가지나 잎은 없고, 순수한 열매만 남아 있도다. 사리불아, 교만한 사람들은 물러감이 좋으니라. 그대들은 이제 잘 들어라. 마땅히 그대들을 위하여 설하리라."

사리불이 말씀드렸다.

"그러하옵니다, 세존이시여. 기꺼이 듣고자 합니다."

부처님께서 사리불에게 말씀하셨다.

"이와 같은 묘법은 많은 부처님께서 때가 되어야 설하는 것이니, 우담바라꽃이 때가 되어야 한 번 피는 것과 같느니라.

사리불아, 그대는 반드시 믿어라. 부처님의 설하는 말씀은 허망하지 않느니라.

사리불아, 모든 부처님이 말씀하신 법은 그 뜻을 이해하기 어려우니라.

왜냐하면 나는 수없는 방편과 갖가지 인연과 비유와 이야기로써 법을 설하지만 이 법은 생각이나 분별로써 이해할 수 없으니, 오직 부처님들만이 아시느니라.

왜냐하면 모든 부처님은 오직 하나뿐이며 큰 일인 일대사인연으로 이 세상에 출현하시기 때문이니라.

사리불아, 어찌하여 부처님은 일대사인연으로 세상에 출현하는가.

부처님들은 중생들에게 부처의 지견을 열어 주어 청정함을 얻게 하려고 세상에 출현하시며, 중생으로 하여금 부처님의 지견을 보게 하려고 세상에 출현하시며, 중생으로 하여금 부처님의 지견을 깨닫게 하려고 세상에 출현하시며, 중생으로 하여금 부처님의 지견의 도에 들어가게 하려고 세상에 출현하시느니라.

사리불아, 이것을 부처님들께서 일대사인연으로 이 세상에 출현하는 것이라 하노라."

부처님이 사리불에게 말씀하셨다.

"부처님들은 보살을 교화하시노라. 여러 가지 일을 하시지만 항상 한 가지 일만 하시나니, 부처님의 지견을 중생에게 보여 깨닫게 하려 하심이니라.

사리불아, 여래는 일불승으로써 중생을 위해

설법함이요, 다른 법은 없거늘 어찌 이승이
있고 삼승이 있겠느냐.
사리불아, 모든 시방의 여러 부처님 법도 이
와 같노라.
사리불아, 과거의 여러 부처님이 한량없는 방
편과 갖가지 인연과 비유로써 중생을 위하여
여러 가지 법을 설하셨으니, 이 법이 모두 일
불승을 위한 것이므로, 중생들이 부처님으로
부터 법을 듣고는 마침내 모두 일체종지를 얻
느리라.
사리불아, 미래에 여러 부처님이 세상에 출현
하시더라도 또한 무량 무수한 방편과 갖가지
인연과 비유로써 중생들을 위하여 여러 가지
법을 설하시니, 이 법도 모두 일불승을 위한
것이므로 중생들이 부처님으로부터 법을 들으
면 마침내는 모두 일체종지를 얻게 되느니라.
사리불아, 현재 시방의 헤아릴 수 없는 백천

만역 불국토의 여러 부처님은 중생을 이익되
게 하고 안락하게 하시며, 이 여러 부처님이
헤아릴 수 없고 셀 수 없는 방편과 갖가지 인
연과 비유로써 중생을 위하여 여러 가지 법을
설하시니, 이 법은 모두 일불승을 위하는 것
이므로, 모든 중생이 부처님으로부터 법을 듣
고 마침내 모두 일체종지를 얻게 되느니라.
사리불아, 부처님들은 보살을 교화하시니, 부
처님의 지견을 중생에게 보이고자 하시며, 부
처님의 지견으로 중생을 깨닫게 하고자 하시
며, 그들로 하여금 부처님의 지견에 들게 하
고자 함이니라.
사리불아, 나도 또한 이와 같아서, 모든 중생
이 갖가지 욕심과 마음에 집착함이 있음을 알
기에 그 본성에 따라 갖가지 인연과 비유와
방편으로 법을 설하노라.
사리불아, 이렇게 함은 모두 일불승의 모든

일체종지를 얻게 하려는 것이니라.
사리불아, 시방세계는 이승이 없거늘 어찌 삼승이 있겠는가.
사리불아, 부처님께서는 다섯 가지 흐린 세상에 출현하시니, 이른바 겁이 흐리고, 번뇌가 흐리며, 중생이 흐리고, 소견이 흐리고, 목숨이 흐림이니라. 사리불아, 겁탁으로 어지러울 때에는 중생이 번뇌가 많고, 간탐하고 질투하는 좋지 못한 근성을 가졌기에 부처님들은 방편으로 불승을 분별하여 삼승으로 설하시니라.
사리불아, 만일 나의 제자가 스스로 아라한 벽지불이라고 하더라도 부처님들께서 보살을 교화시키는 방편을 듣지도 못하고, 알지도 못한다면 이는 부처님 제자가 아니요, 아라한이 아니며 벽지불도 아니니라.
또한 사리불아, 모든 비구 비구니가 스스로

말하기를 아라한을 얻었다 하고 이것이 최후
몸이요 구경열반이라 하며, 다시 위없이 높고
바른 깨달음을 구할 뜻이 없다면 반드시 이러
한 무리는 교만한 자이니라. 왜냐하면 어떤
비구가 참으로 아라한을 얻었다면 이 법을 믿
지 않을 수 없기 때문이니라.
부처님이 멸도하시고 현존해 계시지 않을 때
에는 제외되느니라. 왜냐하면 부처님이 멸도
하신 뒤에는 이러한 경전을 수지독송하고 뜻
을 잘 아는 사람을 만나기 어렵기 때문이니
라. 그러나 부처님을 만나면 이 법 가운데에
서 곧 분명하게 깨달음을 얻으리라.
사리불아, 그대들은 한마음으로 믿고 이해하
여 부처님 말씀을 받아 지녀라. 여러 부처님
말씀은 허망하지 않으며 다른 승은 없고 오직
일불승만 있느니라."
그때, 세존께서 이 뜻을 펴시려고 게송으로

말씀하셨다.

이런 비구 비구니들 아상만을 품었으며
아만 많은 우바새와 믿지 않는 우바이들
이와 같은 사부대중 그 수가 오천여 명
제 허물은 보지 않고 계행도 결함 있어
제 잘못을 감추려는 어리석은 자 갔으며
껍질 같은 그 무리들 부처의 법력에 갔으니
이런 사람 복덕 없어 이 법문을 못 듣노라.
대중에는 껍질 없고 알맹이만 남았어라.
사리불은 잘 들거라. 부처님이 얻은 법을
셀 수 없는 방편으로 중생 위해 말하노라.
중생들의 여러 생각 갖가지로 행하는 도
욕망 성질 어떠하며 지난 세상 선악 업보
부처님이 모두 알아 모든 인연 여러 비유
이야기와 방편으로 모든 중생 즐기려고
어떤 때는 수다라를 또는 가타와 본사와
본생경과 미증유법 인연들을 설해주며

혹은 비유 이야기와 여러 경을 설하니라.

소승법을 즐기면서 생사에만 탐을 내며

셀 수 없는 부처님의 미묘한 도 닦지 않고

괴로움에 시달리니 열반법을 말했노라.

내가 방편 말하여서 부처 지혜 들게 하고

너희들도 성불한단 말을 하지 않았으니

그 말 하지 않은 것은 때가 안 된 까닭이라.

지금에야 때가 되니 대승법을 말하노라.

내가 말한 구부의 법 중생 근기 따름이니

대승 근본 삼으려고 대승 경전 말하노라.

불자 마음 청정하며 부드럽고 지혜로워

셀 수 없는 부처님께 미묘한 도 행했으니

이런 불자 위하여 대승 경전 설하노라.

나는 이런 수행자들 내세 성불 수기하네.

마음 깊이 염불하고 청정 계율 지킨 불자

성불한다 말 들으면 큰 기쁨이 몸에 가득

부처님 그 마음 알고 대승법을 말하노라.

성문들과 보살들이 내가 설한 법을 듣고
한 게송만 기억해도 성불함이 의심 없네.
시방 불토 각국에는 일승법만 있음이요
이승 삼승 방편이라 모든 부처 방편 설법
중생 구제 하시려고 부처 지혜 알리려고
방편설로 비유하네. 부처님 출현함은
일승만이 진실이요 이승 삼승 방편일 뿐
소승법은 방편이니 중생 제도 못하니라.
부처님은 대승으로 일승법에 머무시어
선정 지혜 장엄하여 중생들을 제도하니
스스로 평등법에서 대승법을 증득하고
다만 한 사람이라도 소승으로 교화하면
간탐죄에 떨어지니 옳지 못한 일이니라.
부처님 믿는 이면 여래는 속이지 않고
탐욕 질투 끊어주며 모든 악을 끊어주니
부처님은 시방에서 두려움이 없느니라.
삼십이상 장엄하고 세간마다 광명 비춰

중생 존경 받으면서 실상 법인 말하노라.

사리불아 이를 알라. 내가 본래 세운 서원

모든 중생 나와 같이 다름없게 하렸더니

오래 전에 품은 소원 이제 만족 하였나니

모든 중생 교화하여 부처님 도 들게 하리.

내가 중생 만나면 부처님 도 가르치지만

지혜 없고 미혹하여 가르침을 안 받나니

이런 중생 일찍부터 착한 선근 닦지 않고

오욕에만 애착하여 어리석고 성 잘 내고

탐욕 등에 속박되어 삼악도에 떨어지니

여섯 갈래 헤매면서 모든 고통 고루 겪고

탯속에서 받은 몸이 생사윤회 끝없으며

덕도 없고 복도 없고 뭇 고통에 시달리며

삿된 소견 숲에 들어 혹은 있다 혹은 없다

삿된 견해 점점 늘어 육십이견 다 갖추고

허망한 법 고집하여 버릴 줄을 모르나니

아만과 자존심으로 마음 굽어 부실하여

천만억 겁 지내어도 부처 이름 못 들으니
법도 또한 듣지 못해 제도하기 어렵도다.
사리불아 이런 사람 방편법을 베풀어서
고통 끊는 법을 말해 열반법을 보여주며
열반이라 말했으나 참열반이 아니니라.
모든 법은 본래부터 항상 고요한 것이니
불자가 도 행하면 오는 세상 부처 되리.
내가 이제 방편으로 삼승법문 보였으나
시방 세계 부처님들 일승법을 말하나니
여기 모인 대중들은 의혹된 맘 풀어내라.
부처 말씀 다 같아서 일승일 뿐 이승 없네.
지난 세상 무수한 겁 열반하신 여러 부처
백천만억 그 수효를 헤아릴 수 없건마는
이런 모든 세존들이 가지가지 인연 비유
무수한 방편으로 법의 모습 설하시니
이와 같은 여러 세존 모두 다 일승법 설해
무량 중생 교화하사 부처님 도 들게 하네.

대성주인 성인들은 모든 세간 중생들이
애착하는 모든 욕망 속속들이 다 아시고
다시 다른 방편으로 제일의 뜻 나타내네.
만일 어떤 중생들이 과거 여러 부처 뵙고
보시하며 계율 지켜 인욕하고 정진하며
선정 지혜 법문 듣고 복과 지혜 닦은 자는
이와 같은 여러 사람 모두 이미 성불했고
부처님께서 열반한 뒤 그 마음이 선한 이들
이와 같은 여러 중생 이미 모두 성불했네.
부처님 열반한 뒤 사리에 공양하려
만억 가지 탑 세우되 금과 은과 파려들과
자거와 마노들과 매괴와 유리 진주로
청정하게 널리 장엄 모든 탑을 장식하고
혹은 돌로 사당 짓고 전단향과 침수향과
여러 나무 다른 재목 기와 벽돌 진흙으로
넓고 좋은 들 가운데 흙을 모아 절 지으며
어린애들 장난으로 흙모래로 탑 세워도

이러한 모든 사람 모두 이미 성불했네.
어떤 이가 부처 위해 여러 형상 세우거나
부처님 상 조각하면 그들도 성불하네.
혹은 칠보로 만들고 혹은 놋쇠나 백동들과
납과 주석 쇳덩이나 나무나 진흙으로
부처님 상 조성하여 아교로써 옷칠하면
이와 같은 사람들도 모두 성불하였노라.
채색 불상 그리되 장엄한 원만상을
제가 하나 남 시키나 모두 성불하였노라.
아이들이 장난삼아 풀과 나무 붓이거나
혹은 꼬챙이 손톱으로 부처 모양 그린 이는
이와 같은 여러 사람 공덕이 점점 쌓여
큰 자비심 갖추어져 모두 성불 시켰으니
모든 보살 교화하여 무량 중생 건졌노라.
어떤 사람 탑과 절과 불상이나 불화 앞에
꽃과 향과 번개로써 공경하며 공양커나
악사 시켜 풍악하되 북도 치고 소리 불며

소저 퉁소 거문고나　비파 요령 바라들
이와 같은 묘한 음악　정성으로 공양하면
즐거운 마음 내어　노래 불러 찬탄하되
한마디만 하더라도　모두 성불하였노라.
어떤 사람 마음 산란　꽃 한 송이 한맘으로
불상 앞에 공양해도　많은 부처 뵙게 되며
혹은 어떤 사람들이　예배하거나 합장하며
손 한 번을 든다거나　머리 한 번 숙이어도
이런 공양하는 이는　많은 부처 뵙게 되며
위없는 길 이루어서　많은 중생 제도하여
섶 다하면 불 꺼지듯　무여 열반 들게 하네.
마음 어지런 이라도　탑과 법당 들어가서
나무불 한 번 불러도　모두 성불하였노라.
지난 세상 여러 부처　계실 때나 열반한 뒤
이 법을 들은 이는　모두 성불하였노라.
오는 세상 부처님도　그 수효 셀 수 없어
이러하신 여래들도　방편 설법 하느니라.

일체 모든 여래는 셀 수 없는 방편으로
모든 중생 제도하여 부처 지혜 얻게 하니
만일 법문 들은 이는 모두모두 성불하네.
여러 부처 본래 서원 내가 행한 불도로써
중생들을 교화하여 자타성불 이룩하네.
오는 세상 부처님들 셀 수 없는 백천만억
많은 법문 설하지만 그 내용은 일승이라.
성품 없는 진실법을 양족존은 깨달아서
부처 되는 인연법을 일승으로 설하시니
일승법은 진실한 법 세상 일에 머물면서
세간 모습 모두 알고 방편으로 말하니라.
하늘 사람 공양 받는 시방 계신 부처님
그 수가 항하 모래 세간에 출현하사
중생들 편케 하려 삼승 법문 말하나니
제일 적멸 일승법을 알면서도 방편으로
가지가지 길 보이나 참됨은 일불승뿐.
중생들의 모든 행과 마음속에 생각함과

지난 세상 익힌 업과 욕심 성질 정진력과
여러 가지 근기 알고 여러 가지 인과 방편
비유하며 이야기로 방편 따라 말하니라.
지금 나도 그와 같이 중생을 편케 하려고
여러 가지 법문으로 부처 도를 보이노라.
내가 지혜 힘으로써 중생들의 근기 알고
방편으로 설법하여 기쁘게 하여주네.
사리불아 바로 알라. 내가 부처 눈으로써
육도중생 살펴보니 빈궁하고 지혜 없어
생사의 길 잘못 들어 그 고통을 끊지 못해
오욕락에 탐착하되 물소 꼬리 사랑하듯
탐욕 속에 갇혀 있어 눈도 멀고 소견 없어
깨달음 길 아니 가고 고통을 아니 끊고
삿된 소견 깊이 들어 괴로움에 얽혔으니
이런 중생 위하여서 자비심을 내었노라.
도량에 처음 앉아 보리수 아래 경행하며
삼칠일 지내면서 이런 일을 생각하되

얻은 바 큰 지혜가 미묘하고 제일이나
중생 근기 둔하여서 어리석고 어두우니
이와 같은 중생들을 어떻게 제도할까.
그때에 범천왕과 모든 하늘과 제석천왕
이 세상을 보호하는 사천왕 대자재천왕
여러 하늘 대중과 백천만의 권속들이
합장 공경 예배하며 나의 법을 청했노라.
내 스스로 생각하니 일승법을 찬탄하면
고통 속에 빠진 중생 이 법을 믿지 않고
믿지 않고 비방하면 삼악도에 떨어지니
내 차라리 설법 않고 곧 열반에 들려다가
지난 세상 부처님네 행한 방편 생각하고
내가 지금 얻은 도를 삼승으로 설하리라.
이런 생각 하였을 때 시방 부처 나타나서
범음으로 위로하되 장하도다 석가모니
제일 가는 대도사가 위없는 법 얻었건만
모든 부처님을 따라 삼승 방편 행하도다.

우리들도 또한 모두 일승법을 얻었건만
모든 중생 위하여서 삼승법을 말하노라.
적은 지혜 소승들이 성불을 믿지 않아
방편으로 분별하여 여러 과를 설했으며
삼승법을 보였으나 보살도를 위함이라.
사리불아 바로 알라. 내가 부처 말씀 들으니
청정하고 미묘하여 나무불을 염하면서
이런 생각 다시 하되 흐린 세상 내가 와서
여러 부처 말씀대로 나도 삼승 행하리라.
이와 같이 생각하고 녹야원에 나아가서
모든 법의 적멸상을 말로 할 수 없지만은
삼승 방편 힘으로써 오 비구에게 말하기를
사제법을 전륜하니 열반도가 따로 있고
아라한과 따로 있어 그 이름이 차별 있네.
오랜 겁을 내려오며 열반의 법 찬탄하되
생사고를 끊으라고 항상 설법하였노라.
사리불아 바로 알라. 불자들을 내가 보니

부처님 법을 구하는 천만억의 많은 보살
공경하는 마음으로 부처 계신 곳 찾아와서
부처님의 모든 법문 방편설을 들었노라.
이제 내가 생각하니 여래께서 나타남은
일승법을 설하는 것 지금이 바로 그때.
사리불아 바로 알라. 근기 둔한 소승들은
아상 많고 교만하여 이런 법을 못 믿지만
내 이제 두려움 없이 여러 보살 가운데서
정직하게 방편 보여 일승법을 말하리라.
보살들은 법문 듣고 의심 모두 풀어지며
일천이백 아라한도 마땅히 다 성불하리.
삼세의 여러 부처 설법하던 의식대로
나도 이제 그와 같이 일승법을 설하노라.
여러 부처 출현하심 만나 뵙기 어려우며
세상에 나타나셔도 이 법문 듣기 어렵고
한량없는 무량겁에 이 법 듣기 어려우니
들을 줄을 아는 사람 더욱더 어렵도다.

우담바라 꽃이 피면 모두 다 즐겁지만
하늘 인간 희유하여 때가 돼야 한 번 피네.
법을 듣고 기뻐하며 찬탄의 말 한 번 해도
모든 삼세 부처님께 공양함이 되는 고로
이런 사람 매우 귀해 우담바라보다 좋네.
너희들은 의심 말라. 나는 법의 왕으로서
대중에게 말하노니 일불승의 묘한 도로
보살들을 교화하니 성문 제자 없느니라.
사리불아 너희들과 성문들과 보살들은
알아라 이러한 법 여러 부처 비밀한 법
다섯 가지 악한 세상 욕망에만 탐내므로
이러한 여러 중생들 부처님 도 구하잖고
오는 세상 악한 이들 일승 법문 듣게 돼도
미혹하여 믿지 않아 악한 길에 빠지지만
참회하고 청정하게 불도를 구하는 이
마땅히 이들 위해 일승법을 찬탄하노라.
사리불아 바로 알라. 부처님 법 이러하여

억만 가지 방편으로 인연 따라 설법하니
배우지 않는 이들 일승법을 모르리라.
삼계도사 부처 세존 인연 따라 쓰는 방편
너희들은 이를 알고 여러 의심 모두 끊어
기뻐하는 마음으로 성불함을 알지어다.

3. 비유품

그때, 사리불이 기뻐하며 자리에서 일어나 합
장하고 부처님 존안을 우러러보며 여쭈었다.
"이제 세존으로부터 이러한 법을 들으니 일
찍이 없던 기쁜 마음을 얻었습니다.
부처님이시여, 제가 옛적에 부처님을 따라 이
같은 법을 들을 때, 모든 보살은 수기를 얻어
성불하리라 하셨으나 저희는 법회에 참여하
지 못하여 여래의 헤아릴 수 없는 지견을 잃
었기에 매우 슬퍼하였습니다.
세존이시여, 저는 홀로 숲속이나 나무 아래에
앉기도 하고 거닐기도 하면서 항상 이와 같은
생각을 하였습니다.
'우리도 저 보살들처럼 법의 성품에 똑같이
들어 있거늘 어찌하여 여래께서는 소승의 가
르침만 말씀하시어, 그것으로 제도하시려고

하셨는가.' 하였습니다.

그러나 이것은 저희들의 허물일 뿐, 세존의 탓이 아니었습니다.

만약 저희들이 차츰 가르침을 듣고 있노라면, 부처님께서 위없이 높고 바른 깨달음을 이룰 수 있는 커다란 원인이 될 가르침을 반드시 말씀하여 주셨을 것이기에, 반드시 대승으로 제도하여 해탈함을 얻게 하셨을 것입니다.

그러나 저희들이 부처님께서 방편으로 말씀하신 것을 알지 못하고 부처님의 법문을 듣고서 소승의 가르침을 그대로 믿고 받아들여 이리저리 생각하고 소승과를 증득하였습니다.

세존이시여, 제가 예전부터 지금까지 밤낮으로 자신을 책망하였더니, 이제 부처님으로부터 일찍이 없던 법문인 《법화경》을 듣고 모든 의심을 끊고 몸과 마음이 태연하여 무어라 형용할 수 없는 평안한 마음을 얻게 되었습니다.

오늘에야 비로소 저는 부처님의 참된 아들이요, 부처님께서 설하신 법문을 듣고 태어났으며 법을 따라서 화생하였으니, 부처님 법을 나누어 받았음을 알았습니다."

이때 사리불이 이 뜻을 펴려고 게송으로 말하였다.

이런 법문 내가 듣고 얻던 법 얻었으니
마음 크게 즐거웁고 의심 또한 없나이다.
옛날부터 교화 받아 대승법을 잃지 않고
부처 말씀 드물어 번뇌 다시 없게 하니
나도 이미 번뇌 없이 근심 걱정 사라지네.
산골짝에 기거하고 수풀 속을 찾아가서
앉거나 거닐 적에 항상 이 일 생각하며
내 스스로 책망하길 어찌 저를 속였는가.
저희들도 불자로서 샘 없는 법에 들었건만
미래세에 위없는 법 설법하지 못할 건가.
금색 몸에 삼십이상 열 가지 힘 여러 해탈

그 모두가 한가지 법 이런 법을 못 얻고서
여든 가지 묘한 상호 십팔불공법 반야지혜
이와 같은 공덕들을 나는 모두 잃었는가.
거닐다가 내가 보니 대중 속에 계신 부처
시방 세계 이름 퍼져 많은 중생 이익커늘
나는 이익 못 얻으니 내 스스로 속임이라.
밤낮 없이 나는 항상 이런 일만 생각하며
잃었는가 안 잃었나 세존께 여쭈려다
세존께서 여러 보살 칭찬하심 내가 보고
낮이거나 밤이거나 이런 일만 생각했네.
부처 말씀 들으오니 근기 따라 하신 말씀
번뇌 없는 부사의라 도량으로 이끌건만
삿된 소견 잘못 들어 바라문이 되었더니
세존께서 내 맘 알고 열반법을 말하시니
나쁜 견해 다 버리고 빈 법을 증득하여
그때 내가 생각키를 열반 이제 얻었노라.
이제 와서 알고 보니 참진리가 아니로다.

만일 부처 이뤘으면 삼십이상 다 갖추고
천인 야차 무리들과 용과 귀신 공경 받아
그때서야 다 없어진 참된 열반 이루리다.
부처 대중 가운데서 나의 성불 수기하니
이 법문을 듣고서야 모든 의심 풀리었네.
부처 말씀 처음 듣고 마음 크게 놀라서
부처 탈 쓴 마구니의 농락인가 하였더니
부처님의 인연법을 비유하신 말씀 듣고
마음이 편안하고 그 의심이 없어지네.
지난 세상 부처님들 방편 속에 계시면서
방편법을 말한다고 세존께서 말씀하며
이 세상과 오는 세상 셀 수 없는 부처님들
여러 가지 방편으로 이러한 법 말씀하며
오늘날의 부처님도 탄생하여 출가하고
법을 굴려 설법함이 방편이라 말하시니
세존의 참된 설법 마구니는 할 수 없네.
그러므로 알았나니 그분이 부처인데

의심 그물 걸리어서　마군인가 하였었네.
세존 말씀 듣고 보니　깊고 멀고 미묘하사
청정한 법 알고 보니　내 마음이 기뻐서
의심 모두 없어지고　참된 지혜 들었나니
나도 끝내 성불하여　하늘 사람 존경 받고
무상 법륜 굴리어서　보살 교화하오리다.

이때, 부처님께서 사리불에게 말씀하셨다.
"내 이제 하늘·사람·사문·바라문의 대중에게 말하겠노라. 내가 옛적에 이만억 부처님 계신 곳에서, 위없는 도를 위하면서 항상 그대를 교화하였기에 그대도 또한 나를 따라 배웠으며 내가 방편으로 그대를 인도하여 나의 법 가운데 나도록 하였노라.
사리불아, 내가 옛적에 그대를 가르쳐 부처님 도를 행하라고 하였건만, 그대가 모두 잊고 스스로 생각하기를 '이미 열반을 얻었다'고 했노라. 내가 이제 그대로 하여금 본래의 원

을 세워 행하던 바 도를 생각하게 하려고 모
든 성문들에게 이 대승경을 설하니 이름은
《묘법연화》요, 보살을 가르치는 법이며 부처
님께서 호념하시는 경이니라.
사리불아, 그대는 오는 세상에 헤아릴 수 없고
그지없는 겁을 지나면서, 천만억 부처님께 공
양하고 바른 법을 받들어 지니며 보살이 행할
길을 다 갖추어 성불하니, 이름은 화광여래·
응공·정변지·명행족·선서·세간해·무상
사·조어장부·천인사·불세존이라 하며, 나
라 이름은 이구요, 그 땅은 평정하고 맑고 깨
끗하게 단장되어 안온하고 풍요해서 하늘과
사람이 번성하며, 유리로 땅이 되고, 여덟 갈
래 길이 있어 황금줄로 경계를 삼고, 그 곁의
칠보로 된 가로수엔 항상 꽃과 열매가 달려
있으며, 화광여래도 또한 삼승으로 중생을 교
화하리라.

사리불아, 화광부처님께서 나타나실 때가 비
록 악한 세상은 아니지만 본래의 서원이므로
삼승법을 설하느니라. 그때, 겁의 이름은 대
보장엄이라 하니 이는 나라에서 보살을 큰 보
배로 삼기 때문이니라.

그 많은 보살이 한량없고 그지없어 불가사의
하여 셈하거나 비유로 헤아릴 수 없으니 부처
님의 지혜가 아니면 알 수 없으리라.

만일 걷고자 하면 보배 꽃이 발을 받들 것이
며, 그 모든 보살이 처음으로 발심한 이가 아
니요, 다 오랫동안 덕을 심어 헤아릴 수 없는
백천만 부처님 계신 곳에서 청정한 범행을 닦
아 항상 모든 부처님의 칭찬받는 이들이며,
부처님 지혜를 닦아 큰 신통을 갖추고 모든
법의 문을 잘 알아서 참되게 하고 정직하며
거짓이 없고 뜻과 생각이 굳은 보살들이 그
국토에 가득하리라.

사리불아, 화광불의 목숨은 십이 소겁이니 왕
자로서 성불하기 전의 세월은 제외한 것이라.
그 나라 백성들의 목숨은 팔 소겁이니라.
화광여래가 십이 소겁을 지내고 견만보살에
게 위없이 높고 바른 깨달음의 수기를 주시면
서 여러 비구들에게 말씀하시기를, '이 견만
보살이 다음 세상에 부처가 되니, 이름을 화
족안행 다타아가도 아라하 삼먁삼불타이며
그 부처님 국토도 또한 이와 같으리라.'
사리불아, 이 화광불이 멸도한 뒤에 바른 법
이 세간에 머무름은 삼십이 소겁이며 상법도
또한 삼십이 소겁이니라."
이때, 세존께서 이 뜻을 펴시려고 게송으로
말씀하셨다.

사리불아, 오는 세상 성불하실 높은 세존
그 이름은 화광여래 무량 중생 제도하며
많은 부처 공양하니 보살행과 열 가지 힘

모든 공덕 다 갖추어 위없는 도 증득하리.

무량한 겁 지낸 뒤에 그 겁명은 대보장엄

세계 이름 이구이니 청정하고 때 없으며

유리로써 땅이 되고 황금으로 길이 되니

칠보로 된 가로수엔 꽃과 열매 만발하네.

그 세계의 보살들은 뜻과 생각 굳으며

큰 신통과 바라밀을 모두가 다 갖추며

무량 무수 부처님께 보살도를 잘 배우니

이러한 큰 보살들을 화광여래 교화하니

그 나라의 왕자로서 온갖 영화 다 버리고

출가하여 수행으로 윤회 끊고 성불하네.

화광불의 세간 목숨 그 수명이 십이 소겁

그 나라의 국민들은 여덟 소겁 목숨이라.

그 부처님 멸도 뒤에 정법 세상 머물기는

삼십이 소겁 동안 중생들을 제도하네.

그 정법이 끝난 뒤엔 상법 또한 삼십이 겁

사리 널리 유포되어 하늘 사람 공양하니

화광불이 하시는 일　그가 곧 사리자라.

지혜 복덕 구족하여　훌륭하기 짝이 없어

그대 행은 위와 같아　기뻐하는 경사로다.

이때, 사부대중인 비구·비구니·우바새·우바이와 하늘·용·야차·건달바·아수라·가루라·긴나라·마후라가 등의 대중은 사리불이 부처님 앞에서 위없이 높고 바른 깨달음의 수기 받는 것을 보고 마음이 즐거워 기뻐하였다.

대중들이 제각기 몸에 입었던 웃옷을 벗어 부처님께 공양하자, 제석천왕·범천왕 등의 수없는 천자들도 하늘의 묘한 옷과 하늘의 만다라꽃과 마하만다라꽃 등으로 부처님께 공양하니, 그 뿌린 하늘옷은 허공에 머물러 스스로 장엄하고 모든 하늘은 백천만 가지 음악이 허공 가운데에 한꺼번에 울리고 온갖 하늘꽃이 비 오듯 내릴 때에 말소리가 들리었다.

"부처님께서 옛적 바라나에서 처음 진리의 바퀴를 굴리시더니 이제 여기서 다시 위없는 큰 법의 바퀴를 굴리시도다."

이때, 여러 천자들은 이 뜻을 펴려고 게송으로 말하였다.

그 옛날 바라나에서 사제 법륜 굴리시어
오음으로 생멸하는 모든 법을 말하시고
무량 무변 큰 법륜을 이제 다시 굴리시니
깊고 깊은 미묘한 법 믿는 이가 적나이다.
저희들이 옛날부터 세존 말씀 들었지만
미묘한 이런 법문 내가 아직 못 듣다가
오늘 세존 설하시니 우리들도 따라 기뻐
지혜 크신 사리불이 수기를 얻사오니
저희들도 그와 같이 오는 세상 성불하여
세간에서 가장 높은 세존이 되오리다.
부사의한 부처님 도 근기 따라 말씀하니
저희들이 지은 복덕 금세에나 지난 세상

부처님을 염한 공덕　갖추어 쌓은 공덕
미묘하고 큰 불도에　마음 다해 회향하리.

이때, 사리불이 부처님께 여쭈었다.

"세존이시여, 저는 이제 다시 의심이 없으며 부처님 앞에서 위없이 높고 바른 깨달음의 수기를 얻었습니다.

그러나 이 모든 천이백 마음이 자재한 이들은 옛날에 배우는 자리에 있을 때 부처님께서 항상 교화하시며 말씀하시기를,

'나의 법은 나고 늙고 병들고 죽는 것을 여의면 마침내 열반하리라.' 하셨기에,

배우는 이와 다 배운 이들은 각각 '나'라는 소견이 '있다' '없다' 하는 소견을 떠난 것만으로 열반을 얻었다고 생각하였는데, 지금 부처님 앞에서 아직 듣지 못하던 법을 듣고 모두 의혹에 빠져 있습니다.

거룩하신 세존이시여, 바라건대 사부대중을

위하여 그 인연을 말씀하시어 의심을 없애도록 하소서."

이때, 부처님께서 사리불에게 말씀하셨다.

"내가 먼저 말하지 않았던가. '모든 부처님께서 여러 가지 인연과 비유의 말씀으로 방편의 법을 설하심은 다 위없이 높고 바른 깨달음을 얻게 하기 위함이라'고. 이 모든 설법은 다 보살을 교화하기 위한 것이니라.

사리불아, 이제 다시 비유로써 이 이치를 밝히려 하니 지혜 있는 이들은 비유로써 알 수 있을 것이니라.

사리불아, 어떤 나라의 한 마을에 큰 장자가 있었느니라. 그는 나이는 늙었으나 재물은 헤아릴 수 없어 논밭과 집과 시종들이 많았느니라.

그 집은 넓고 크되 문은 하나뿐이요, 사람들은 많아 일백·이백 내지 오백 인이 그 안에

살고 있었으며, 집과 누각은 낡고 담과 벽은
퇴락하였고, 기둥뿌리는 썩어 대들보가 기울
어 위태한데, 어느날 갑자기 주위에서 한꺼번
에 불이 나서 타고 있을 때에, 장자의 아들들
이 열·스물 내지 혹은 서른이 그 집 안에 있
었느리라.
장자는 이 큰 불이 네 면으로 옮겨붙는 것을
보고 크게 놀라 두려워하며 생각하되, '나는
이 불타는 집에서 무사히 나왔으나, 아들들은
불타는 집 안에서 장난하느라고 이를 깨닫지
못하고 알지도 못하며 놀라지도 않고 두려워
도 아니하며, 불길이 몸에 닿아서 고통이 극
심하련만 싫어하거나 걱정할 줄도 모르고 나
오려는 생각도 없구나.' 하였느니라.
사리불아, 장자는 또 이렇게 생각하였으니,
'내 몸과 손에 힘이 있으니 옷상자나 궤짝에
담아 들고 나오리라.' 하더니 다시 생각하기

를 '이 집은 문이 하나뿐이요, 협소하다. 아
들들은 너무 어려서 놀이에만 정신이 팔려 있
으니 자칫 잘못하여 상자에서 떨어지면 불에
타게 될 것이다. 차라리 내가 불이 얼마나 두
렵고 무서운가를 일러주어, 지금 빨리 나오지
않으면 불에 타 죽는다고 하여, 불의 피해를
받지 않게 하리라.' 이 같이 생각하고 자세하
게 아들들에게 이르기를 '너희들은 어서 빨
리 나오너라.' 고 소리쳤느니라.

아버지는 측은히 생각하고 좋은 말로 간절히
달랬으나 아들들은 놀이에 정신이 팔려 즐기
느라 나오려 아니하며, 놀라지도 않고 두려워
하지도 않아 끝내 나올 마음이 없으며, 더구
나 어떤 것이 불이며 어떤 것이 집이며 무엇
을 잃게 되는지도 알지 못하고, 동서로 달려
놀면서 아버지를 쳐다볼 뿐이었느니라.

이때, 장자는 또 이런 생각을 하였느니라.

'이 집이 큰 불에 타고 있으니 나의 아들들이 이때에 나오지 아니하면 반드시 불에 타게 된다. 내가 이제 방편을 써서 아이들이 화재를 모면하게 하리라.'

장자는 아들들이 가지고 싶어하던 여러 가지 좋은 장난감이라면 반드시 정들여 재미 붙일 것을 알고 말하였느니라.

'너희들이 좋아하는 장난감이 여기 있으니 너희가 만약 지금 갖지 아니하면 뒤에 반드시 후회하리라.

양이 끄는 수레, 사슴이 끄는 수레, 소가 끄는 수레 등 갖가지가 지금 대문 밖에 있다. 가지고 놀 만하니 너희들은 이 불타는 집에서 속히 나오너라. 너희가 원하는 대로 주겠노라.'

이때, 아들들은 아버지가 말하는 진귀한 장난감이 평소 갖고 싶은 것이었으므로 각기 마음이 급해져서 서로 밀치며 앞을 다투어 불타는 집에서 뛰쳐나왔느니라.

이때, 장자는 아들들이 무사히 나와 다 네 거리에 앉아 있는 것을 보고, 마음이 편해져 기쁨에 넘쳤느니라.

이때에 아들들이 아버지에게 말하기를,

'아버지께서 주겠다고 하신 장난감인 양이 끄는 수레, 사슴이 끄는 수레, 소가 끄는 수레를 지금 주십시오.' 하였느니라.

사리불아, 그때 장자는 아들들에게 각각 똑같은 큰 수레를 주니, 그 수레는 높고도 넓으며, 여러 가지 보배로 꾸미고 난간이 둘려 있으며, 네 면에는 풍경을 달고, 또 그 위에는 일산을 펴고 휘장을 쳤으며, 진귀한 보배를 섞어 장엄하게 꾸몄으며, 보배줄로 엮어 늘이고 모든 꽃과 영락을 드리웠으며, 고운 자리를 겹겹이 깔아 놓고 붉은 베개를 놓았으며, 흰 소에게 멍에를 메웠으니 살갗이 깨끗하고

몸매가 좋고 기운이 세어 걸음걸이가 평정하
고 그 빠르기가 바람 같으며 많은 시종들이
호위하였느니라.
그렇게 한 까닭은 큰 장자는 재물이 헤아릴
수 없어 모든 창고가 갖가지로 가득 차 있기
때문이라. 장자는 생각하되,
'나의 재물은 한이 없으니 변변치 못한 작은
수레를 아들들에게 주는 것은 옳지 못하다. 이
아이들은 모두 내 아들이니 사랑에 치우침이
없이 하며 나에게는 이렇게 칠보로 된 큰 수
레가 무수하게 있으니 평등한 마음으로 각각
주되 차별하지 아니하리라. 나의 이 물건은
온 나라에 나누어 줄지라도 모자람이 없거늘
하물며 나의 아들들에게 주는 것이랴.' 하였
느니라.
이때, 모든 아들들이 각각 큰 수레를 타고 일
찍이 없던 것을 얻었으나 이는 본래 바라던

장난감이 아니었느니라.
사리불아, 그대는 어떻게 생각하는가, 이 장자가 평등하게 모든 아들들에게 진기한 보배로 된 큰 수레를 준 것을 거짓말을 했다고 할 수 있겠는가?"
사리불이 말하였다.
"아니옵니다. 세존이시여. 장자가 아들로 하여금 화재를 면하고 목숨만 보전하게 하였더라도 거짓말이 아니옵니다. 만일 목숨만 보존할지라도 이미 좋은 장난감을 얻은 것과 같거늘 다시 방편으로 저 불타는 집에서 구제됨이오리까.
세존이시여, 만일 장자가 작은 수레 하나 주지 않는다 해도 거짓되다 할 수 없습니다. 이 장자가 처음에 생각하기를 '내가 방편을 써서 아들들이 불타는 집에서 나오도록 하리라.' 하였습니다.

이러한 인연으로 거짓됨이 없거늘, 하물며 장
자가 자기의 재물이 헤아릴 수 없음을 알고
모든 아들들을 이롭게 하려고 평등하게 큰 수
레를 줌이오리까."

부처님께서 사리불에게 말씀하셨다.

"착하고 착하다. 그대가 말한 바와 같느니라.
사리불아, 여래도 또한 이와 같이 일체 세간
의 아버지가 되느니라.

모든 두려움과 쇠함과 고뇌와 근심과 환난과
무명으로 어둡고 막힌 것이 영원히 다하여 남
음이 없으며, 헤아릴 수 없는 지견과 열 가지
힘과 두려움 없음을 모두 성취하고 대신통력
과 지혜력이 있어 방편·지혜 바라밀을 다 갖
추며 대자대비로 항상 게으름 없이 좋은 일을
찾아 모든 중생을 이익되게 하노라.

삼계의 썩고 낡은 불타는 집에 몸을 나투어
중생들의 생·노·병·사와 근심·걱정·고

통·번뇌를 벗어나게 하며, 어리석고 어둠에 덮인 삼독의 불에서 건져 중생을 교화하여 위없이 높고 바른 깨달음을 얻게 하려는 것이니라.

모든 중생을 보니 생·노·병·사와 근심·걱정·고통·번뇌로 불타고 있으며, 다섯 가지 욕망과 재물로 모든 고통을 받으며, 탐착하고 끝없이 구하려 하므로 현세에서 온갖 고통을 받고 후세에는 지옥·축생·아귀의 고통을 받나니, 만약 하늘에 나거나 인간계에 태어날지라도 빈궁하고 고생스러우며 사랑하는 사람을 이별하는 고통과, 미워하는 사람을 만나는 고통 등 여러 가지 고통이 있노라. 중생은 그 고통에 빠져서 즐겁게 뛰놀며 그 괴로움을 깨닫지도 못하고 알지도 못하며, 놀라지도 않고 두려워하지도 않으며, 또한 싫어하는 마음을 내지도 아니하고 해탈을 구하지도

아니하며, 이 삼계의 불타는 집에서 동서로
뛰어다니면서 큰 고통을 만날지라도 이를 근
심도 하지 않느니라.
사리불아, 부처님은 이것을 보고 이렇게 생각
하였노라.
'나는 중생들의 아버지가 되었으니 중생들을
고난에서 건져주고, 헤아릴 수 없고 그지없는
부처님의 지혜와 즐거움을 주어서 그들로 하
여금 즐거이 놀게 하리라.'
사리불아, 부처님은 다시 생각하였노라.
'내가 만약 신통의 힘과 지혜의 힘만으로 방
편을 버리고, 모든 중생에게 여래의 지견과
힘과 두려움 없음을 찬탄한다면, 중생은 제도
되지 못하리라. 왜냐하면 이 모든 중생은 나
고 죽고 병들고 죽는 것과 근심·걱정·고
통·번뇌를 면치 못하고 삼계의 불타는 집에
서 불타게 되니 무엇으로 부처님의 지혜를 알

수 있겠는가.'

사리불아, 저 장자가 몸과 손에 힘이 있었으나, 이를 쓰지 않고 은근한 방편을 써서 아들들을 불난 집에서 건져낸 뒤에 각각 진귀한 보배로 된 큰 수레를 준 것과 같이, 여래도 그와 같아서 힘과 법이 있지만 쓰지 아니하고 지혜와 방편으로 욕계·색계·무색계의 불타는 집에서 중생들을 제도하기 위하여 성문승과 벽지불승과 불승의 삼승을 설하노라.

그대들은 욕계·색계·무색계의 불타는 집에 있기를 즐기지 말라. 변변치 않은 빛깔·소리·냄새·맛·감촉을 탐하지 말라. 만일 탐내어 애착하면 곧 불에 타는 바가 되니라.

그대들이 욕계·색계·무색계에서 빨리 나오면 마땅히 성문승·벽지불승·불승을 얻으리라. 내가 지금 그대들을 위하여 이 일을 책임지고 보증하니 결코 허망하지 않으리라. 그대들은 부지런히 정진하라. 여래는 이와 같은 방편으로 중생을 권유하여 바른 길로 나아가게 하노라."

또 말씀하셨다.

"그대들은 반드시 알라. 이 삼승법은 성인들이 칭찬하는 바며 자재하여 속박이 없고 의지하여 구할 것도 없나니 이 성문승, 연각승, 보살승에 실리면 영원한 다섯 가지 능력·다섯 가지 힘·일곱 가지 깨침에 필요한 것·여덟 가지 바른 길·선정·해탈·삼매 등을 스스로 즐기며 헤아릴 수 없는 안온한 쾌락을 얻느리라.

사리불아, 어떤 중생이 안으로 지혜의 성품을 지녀 부처님 법을 듣고 믿어 받들어 부지런히 정진하여 삼계에서 벗어나고자 열반을 구하면 이를 일러 성문승이라 하니, 아들들이 양이 끄는 수레를 가지려고 불타는 집에서 뛰쳐나옴과 같느니라.

만일 어떤 중생이 부처님 법을 듣고 받들어 부지런히 정진하여 자연의 지혜를 구하고자 혼자 있기를 좋아하며, 고요한 곳을 즐기고 모든 법의 인연을 깊이 알면 이를 일러 벽지불승이라 하니, 아들들이 사슴이 끄는 수레를 구하기 위하여 불타는 집에서 뛰쳐나옴과 같느니라.

만일 어떤 중생이 부처님 법을 듣고, 믿어 받들어 부지런히 정진하여 모든 지혜와 부처님 지혜·스스로 얻는 지혜·스승 없이 얻는 지혜와 여래의 지견과 힘과 무소외를 구하며, 헤아릴 수 없는 중생을 가엾이 여겨 안락하게 하고 하늘과 인간에게 이익을 주며 모든 중생을 제도하여 해탈케 하면 이를 일러 대승이라 하며, 보살은 일불승을 구하므로 이름을 마하살이라 하니, 아들들이 소가 끄는 수레를 구하기 위하여 불타는 집에서 뛰쳐나옴과 같느니라.

사리불아, 저 장자가 여러 아들이 불타는 집에서 나와 두려움 없는 곳에 이르러 있음을 보고 자기의 재물이 헤아릴 수 없음을 생각하여 평등하게 큰 수레를 아들들에게 준 것과 같이, 여래도 그와 같이 모든 중생의 아버지인지라, 헤아릴 수 없는 억천 중생이 부처님의 법문을 통해 욕계, 색계, 무색계의 괴로움과 두렵고 험한 길에서 나와 열반의 즐거움을 얻었음을 보고, 여래는 이런 생각을 하느니라.

'나는 헤아릴 수 없고 그지없는 지혜와 힘과 무소외 등 여러 부처님 법장이 있으며 이 모든 중생은 다 나의 아들이니, 평등하게 대승을 주어 어떤 사람이라도 홀로 열반을 얻게 하지 아니하고 다 여래의 멸도로써 열반을 얻게 하리라.'

이 모든 중생으로서 욕계, 색계, 무색계에서
벗어난 이에게는 모든 부처님의 선정 · 해탈
등의 장난감을 주나니, 이것은 다 한 모양 한
종류로써 성인들이 칭찬하는 바며 청정하고
미묘한 제일의 즐거움이 생기느니라.
사리불아, 저 장자가 처음에는 세 가지의 수
레로 아들들을 달래어 불 타는 집에서 나오게
한 뒤에 보물로 장식된 제일 큰 수레를 주었
지만 저 장자가 거짓말을 한 허물이 없는 것
과 같이, 여래도 이와 같아서 거짓이 없노라.
처음에는 성문승, 연각승, 보살승을 설하여
중생을 인도한 뒤에 대승으로 제도하여 해탈
하게 하니, 이는 여래에게 헤아릴 수 없는 지
혜와 힘과 무소외와 모든 법장이 있어 모든
중생에게는 대승법을 주건만은 다 받아들이
지 못하기 때문이라. 사리불아, 이러한 인연
으로 부처님들이 방편의 힘으로써 일불승에

서 분별하여 성문승, 연각승, 보살승을 설한 줄 알아야 하느니라."

부처님께서 이 뜻을 펴시려고 게송으로 말씀하셨다.

비유하면 어떤 장자 크나큰 집 지녔으나
그 큰 집이 오래되어 퇴락하고 낡았으며
집채 아주 위태롭고 기둥뿌리 썩어 들어
대들보도 기울어져 축대마저 무너지고
담과 벽이 헐리우니 흙덩이가 떨어지고
지붕도 썩어 내리며 서까래도 부서지고
막혀버린 골목에는 오물들이 가득하고
그 가운데 오백 식구 오밀조밀 살고 있다.
소리개와 올빼미와 독수리와 부엉이들
까마귀와 까치와 비둘기와 독뱀과
살모사와 전갈과 지네와 그리마들
도마뱀과 노래기들 족제비와 온갖 쥐와
이런 따위 나쁜 벌레 서로서로 기고 뛰며

똥오줌 냄새 나는 곳 더러운 것 가득한데
말똥구리 벌레들이 날아들어 위를 덮고
여우 이리 늑대들이 죽은 것을 서로 물고
뜯으며 찢어 널어 살과 뼈가 낭자하매
배 주린 많은 개들 몰려나와 끌고 당겨
먹을 것을 찾느라고 이리저리 방황하며
싸우면서 먹으면서 으렁으렁 짖어대네.
그 집안의 무서움이 이와 같이 험하나니
여기저기 간 데마다 도깨비 허깨비 귀신
야차들과 아귀들이 사람고기 씹어먹고
악하고 독한 벌레 사나운 뭇짐승들
알을 까고 새끼쳐서 제 새끼를 기르건만
야차들이 달려와서 싸워 이겨 잡아먹고
배부르면 힘을 더해 악한 마음 사나워져
무섭게 악을 쓰니 싸움 소리 소름끼치네.
구반다의 귀신들이 흙더미에 걸터앉아
어떤 때는 땅 위로 한 자 두 자 솟아 뛰고

이리저리 뒹굴면서 제멋대로 장난하고
개다리를 붙들어서 개의 목을 졸라 매고
개가 소리 못 지르니 개를 놀려 즐겨하네.
어떠한 귀신들은 그 키들이 장대하여
검고 야윈 벗은 몸이 그 가운데 항상 있어
큰 소리로 악을 쓰며 먹을 것을 서로 찾네.
또 어떤 아귀들은 목구멍이 바늘 구멍
어떠한 귀신들은 머리가 소 대가리
사람의 살 뜯어먹고 개도 잡아 먹으면서
머리털은 헝클어져 생긴 몰골 흉악하며
배고픔에 시달려서 울부짖고 내달리네.
야차들과 아귀들과 사나운 새 짐승들
배고프고 굶주려서 창틈으로 살펴보니
이와 같은 여러 고난 무서움이 한이 없네.
이러하게 낡은 집이 한 사람의 소유더니
그 사람이 외출한 지 얼마 되지 아니하여
그 뒤 그 큰 집에서 홀연히 불 일어나

네 면으로 한꺼번에 맹렬하게 타오르니
대들보 서까래 기둥 타는 소리 진동하며
꺾어지고 부러지며 담과 벽이 무너지네.
온갖 모든 귀신들은 큰 소리로 울부짖고
부엉이와 독수리와 구반다 등 귀신들은
당황하고 황급하여 나올 줄을 모르네.
악한 짐승 독한 벌레 구멍 찾아 숨어 들고
비사사라는 귀신들 그 가운데 머물면서
복덕 없는 까닭으로 불길에 쫓기면서
서로서로 잔인하게 피 마시고 살을 먹고
여우 등의 무리들은 이미 모두 죽었는데
크고 악한 짐승들이 몰려와서 뜯어 먹고
매운 연기 자욱하여 사방에 가득하네.
지네와 또 그리마 독사 등의 무리들이
불에 데고 뜨거워서 구멍에서 나올 적에
구반다 등 귀신들이 보는 대로 주워 먹네.
또한 모든 귀신들은 머리마다 불이 붙고

배고프고 뜨거워서 황급하게 달아나네.
그 큰 집이 이와 같이 두렵고 무서우며
독한 피해 화재까지 그 재난이 적지 않네.
이때에 집 주인은 대문 밖에 서 있더니
당신의 여러 자식들 장난질을 좋아하여
불에 타 죽지 않도록 어린 것들 소견 없어
노는 데만 팔려 있소 어떤 이가 전해주네.
장자는 이 말 듣고 불타는 집 뛰어들어
불타 죽게 안 하려고 방편으로 구제하여
여러 자식 타이르며 많은 환란 설명하되
악한 귀신 독한 벌레 화재까지 일어나
여러 고통 점차 늘어 끊임없이 상속하고
살모사와 독사 전갈 여러 가지 야차들과
구반다 등 귀신이며 여우 등과 개의 무리
부엉이와 독수리와 소리개와 올빼미와
노래기 따위들이 배고프고 목이 말라
이런 고통 난리 속에 큰 불까지 일어났다.

여러 자식 무지하여 아버지 말 건성 듣고
놀기에만 정신 팔려 놀기를 일삼으니
이때에 그 장자는 이런 생각 다시 하길
아이들이 이 같으니 내가 더욱 걱정이라.
지금 이 집 안에서는 기쁨 하나 없건마는
노는 여러 자식들이 장난에만 빠져 있어
부모 말을 안 들으니 장차 불에 타게 된다.
그때 문득 생각하니 여러 방편 베풀어서
자식들에게 하는 말 나에게는 여러 가지
놀기 좋은 장난감과 보배 수레 있으니,
양의 수레 사슴 수레 소가 끄는 수레들이
문 밖에 놓여 있다. 너희들은 모두 오라.
내가 너희들을 위해 이런 수레 지었으니
너희들은 마음대로 희롱하고 놀아 보라.
이런 수레 있단 말을 자식들이 듣고 나서
앞과 뒤를 다투면서 밀치고 뛰쳐나와
빈터에 이르니 그 화재를 면하였네.

큰 장자는 자식들이 불타던 집 빠져나와
네 길거리 앉은 것을 사자좌서 굽어보고
기뻐하며 흐뭇하네. 나는 이제 즐겁도다.
나의 여러 자식들은 기르기도 어렵구나.
어린 것들 소견 없어 험한 집 들어가서
독한 벌레 많건만은 도깨비도 무서운데
맹렬하게 타는 불길 사방에서 일건만은
철 모르는 아이들이 놀기에만 팔린 것을
내가 이제 구하여서 재난에서 벗어나니
그러므로 사람들아 내 마음이 편안하다.
그때에 여러 자식 편안하게 앉아 있는
아버지께 나아가서 바라보며 하는 말이
세 가지 보배 수레 우리들께 주옵소서.
조금 전에 하신 말씀 너희들이 나오면은
세 가지의 좋은 수레 주신다고 하셨으니
지금 바로 우리들에게 나누어 주옵소서.
큰 부자인 그 장자는 많고 많은 창고마다

금과 은 유리들과 그리고 자거 마노
여러 가지 보배들로 큰 수레를 만드는데
훌륭하게 장식하여 난간 좌우 둘렀으며
네 면에 풍경 달고 황금줄을 늘였으며
진주로써 만든 그물 장막처럼 위를 덮고
금꽃의 많은 영락 여러 곳에 드리우고
여러 가지 채색으로 그림 그려 둘렀으며
보드라운 비단으로 앉을 자리 깔아 놓고
훌륭하고 묘한 천이 천만 냥의 값어치라.
희고 깨끗한 게 좋아 수레 위에 덮었으며
몸매 또한 아름답고 살이 찌고 기운 세며
크고 힘센 소에다가 보배 수레 메웠으며
아름다운 시종들이 많이 모여 호위하는
이러한 좋은 수레 자식한테 주었네.
여러 자식 이때에 즐거워라 뛰놀면서
보배의 수레 타고 사방으로 다니면서
즐거하며 노는 모양 자재하며 걸림 없네.

사리불아 말하노라. 나도 또한 그와 같이
성인 중의 성인이며 세간의 아버지라.
온갖 모든 뭇 삶들이 모두 나의 자식인데
세상 낙에 깊이 빠져 지혜의 마음 없이
삼계 모두 불안하기 불타는 집 같으며
뭇 삶 고통 가득하니 무서움이 오죽하랴.
나고 늙고 병들고 죽는 근심 항상 있어
위와 같은 불길들이 맹렬하게 타고 있네.
삼계의 불타는 집 여래는 일찍 떠나
고요하고 적적한 곳 숲과 들이 편안하니
이 삼계의 모두가 지금은 나의 것이며,
그 가운데 있는 중생 모두 나의 아들인데
여러 가지 환난들만 가득한 세상 중생
오직 내가 아니면 구제할 이 없으리라.
타이르고 가르쳐도 믿지 않는 그 중생들
여러 가지 오욕락에 얽매이는 까닭이다.
여러 가지 방편으로 삼승법을 설한 것은

중생들의 생각으로 삼계 고통 알게 하고
세간에서 벗어남을 설법하여 보이노라.
여러 세계 중생들이 해탈 마음 결정하면
천안 법안 혜안 등과 여섯 신통 다 갖추어
연각과 물러남 없는 보살법을 얻으리라.
중생들과 사리불아 나는 중생 위하여서
삼승의 비유들로 일불승을 말하노니
만일 이제 너희들이 이 방편을 믿으면은
오는 세상 모두 다 부처님 도 이루리라.
이 일승은 미묘하고 청정하고 가장 으뜸
법계 모든 세간에서 위없이 높은 방편
부처님도 기뻐하며 법계의 모든 중생
좋다고들 칭찬하고 공양하며 예배하니
셀 수 없는 억천 가지 여러 힘과 해탈들과
선정과 지혜로써 부처님의 남은 법
일승법을 얻으면은 자식들로 하여금
밤과 낮의 오랜 세월 기쁘도록 하여주며

그리고 여러 보살 성문들과 대중들이
수레를 타기만 하면 불도량에 이르리라.
이와 같은 인연으로 시방에서 구하여도
부처님의 방편 말고 다른 법은 전혀 없네.
사리불아 말하노니 너희들은 모두 다
부처님의 아들이요 나는 너희 아버지라.
너희들은 오랜 겁에 뭇 고통에 불타거늘
내가 모두 제도하여 삼계를 벗게 하리.
내가 앞서 말하기를 멸도했다 하였으나
다만 생사 끝났을 뿐 참멸도가 아니니라.
중생들이 해야 할 일 부처님의 지혜려니
만일 어떤 보살들이 이 대중 가운데서
한결같은 마음으로 부처님의 법 들으면
모든 부처 세존께서 비록 방편 썼지만은
교화되는 중생들은 모두 다 보살이라.
어떤 사람 지혜 적어 애욕에 집착하면
이런 사람 위하여서 고성제를 말하거늘

중생 마음 모두 기뻐 없던 것을 얻어내니
부처님 말한 고성제 진실함이 다름 없네.
만일 또한 어떤 중생 괴로움 뿌리 모르고
고의 원인 애착하여 잠시라도 못 버리면
이런 사람 위하여서 방편 도성제 말하며
모든 고통의 원인은 탐욕심이 근본이라
만일 탐욕 멸하면은 의지할 바 전혀 없어
온갖 고통 멸하는 길 그 이름이 제 삼제라.
멸제를 위하여서 도를 닦아 수행하니
고의 속박 여의는 길 해탈이라 하느니라.
이 사람은 어찌하여 해탈을 얻었는가.
허망함을 여읜 것이 해탈이라 하거니와
실제로는 온갖 해탈 얻은 것이 아니므로
부처님 하시는 말씀 참멸도가 아니니라.
이 사람은 위없는 도 아직 얻지 못한 고로
멸도에 이르렀다 생각하지 않노라.
나는 법의 왕이라서 모든 법에 자재하여

중생 안온시키려고 세상 출현하심이라.
지혜 제일 사리불아 나의 이 일승불은
세간 이익되게 하려 설법하는 것이니라.
가는 곳 어느 곳에나 함부로 선전 말라.
만일 알아 듣는 사람 기뻐 받아 지니면
이런 사람 바로 알라 물러남 없는 보살이라.
이 경전을 받아 지녀 믿는 이가 있으면
이 사람은 지난 세상 부처님을 찾아뵙고
공경하고 공양하며 일승법문 들었노라.
만일 어떤 한 사람이 너의 말을 믿는다면
그 사람은 나를 보며 또한 사리자를 보고
비구승과 보살까지 보는 것이 되느니라.
이러한 법화경전 깊은 지혜 위함이니
옅은 사람 들으면은 미혹하여 모르나니
온갖 모든 성문이나 그리고 벽지불들도
그 힘이 이 경전에 미칠 수가 없느니라.
그대 사리불도 오히려 이 경에는

몸과 맘 들어가거늘 어찌 다른 성문이랴.
나머지의 성문들은 부처 말씀 믿으므로
이 경을 따르오니 자신의 지혜 아니로다.
사리불아 알아라. 교만하고 게으르며
아상 가진 이에게는 이 경전을 설하지 말고
앎이 얕은 범부들은 오욕락에 깊이 묻혀
들어 봐도 모르나니 그에게도 말을 말라.
믿지 않는 어떤 사람 이 경전을 비방하면
온갖 세간에서 부처 종자 끊음이니
혹은 얼굴 찌푸리며 의혹심을 품은 자들
그대는 잘 들어라 죄의 과보 설하리라.
부처님이 계시거나 멸도하신 뒤에라도
일승법을 비방하고 법화경을 비방하여
경전 읽고 외우면서 쓰고 보고 전하는데
경멸하고 미워하며 원한까지 품는다면
이 사람의 죄의 과보 네가 이제 들으리라.
그 사람이 죽은 뒤에 아비지옥 들어가서

일 겁 동안 죄를 받고 아귀 축생 다시 나와
이렇게 나고 죽고 수없는 겁 지내리라.
지옥에서 다시 나와 축생으로 태어나서
여우 개의 무리되어 그 형상이 수척하고
못생기고 더러워서 살 닿는 것 싫어하며
또 다시 어떤 사람 미움 받고 천대 받아
언제든지 배가 고파 앙상하게 말라붙고
살아서는 죽을 고생 죽어서는 자갈 무덤
부처 종자 끊은 고로 이런 죄보 받느니라.
만일 또 낙타나 당나귀로 태어나면
무거운 짐 항상 싣고 채찍질을 맞으면서
여물만을 생각할 뿐 다른 것은 모르나니
이 경전을 비방하면 이런 죄보 받느니라.
만일 여우 몸을 받아 마을에 들어가면
몸에 옴과 버짐 나고 눈 하나가 봉사되어
어린애들 매를 맞고 모든 고통 다 받다가
잘못하면 죽게 되고 만일 맞아 죽게 되면

구렁이 몸 다시 받아 징그럽게 큰 길이가
오백 유순 뻗어나고 귀가 먹고 발이 없어
꿈틀꿈틀 기어가며 온갖 작은 벌레에게
비늘 밑을 빨아 먹혀 밤낮으로 받는 고통
쉴 사이가 하나 없어 법화경을 비방하면
이런 죄보 받느니라.
어쩌다가 사람 되면 육근 육경 암둔하며
난장이 곱배 절름발이 장님 귀머거리 되어
그 사람이 말하는 것 듣는 사람 믿지 않고
입에서는 추한 냄새 귀신들이 따라 붙고
빈궁하고 천박하여 사람들의 부림 받고
병이 많고 수척하여 의지할 데 전혀 없어
다른 이와 친하려도 붙여주는 사람 없고
어떤 소득 있더라도 금방 다시 잃게 되며
중생 위해 의사 되어 병 치료를 한다 해도
오히려 병만 더해 혹은 되려 죽게 하며
자신이 병날 때는 구원해줄 사람 없고

좋은 약을 먹더라도 병세 더욱 악화되며
다른 사람 반역죄나 강도질과 절도죄에
이유 없이 말려들어 애매하게 벌을 받네.
이러한 모든 죄인들 영영 부처 볼 수 없고
성인 중의 법왕이신 부처님이 교화해도
이러한 여러 죄인들 어려운 데 항상 나서
귀먹고 어지러워 법을 듣지 못하나니
항상 강변 모래처럼 무수한 겁 오랜 세월
태어남에도 불구하고 귀먹고 말 못하리.
지옥 중에 항상 있어 공원처럼 생각하고
삼악도를 드나듦도 자기 집의 안방처럼
낙타 나귀 개 돼지 그런 곳에 태어나니
이 경을 비방한 죄 죄값이 이러하노라.
인간으로 태어나도 귀먹고 말 못하고
빈궁하고 못난 꼴로 육신을 장엄하였고
수종다리 조갈 증세 나병 폐병 난치병 등
여러 가지 나쁜 병을 옷을 삼아 입었으며

몸은 항상 추한 냄새 때가 많고 더러우며
아상에 얽매여 성내는 일 더욱 많고
음탕한 맘 치성하여 짐승들도 안 가리니
이 경을 비방하면 이런 죄보 받느니라.
사리불께 이르노니 이 경을 비방하는 이
그 죄보를 말하려면 겁 다해도 말 못하리.
이와 같은 인연으로 너희에게 말하노니
지혜 없는 사람에겐 이 경을 설하지 말라.
육근 육경 영리하고 지혜는 아주 밝고
많이 듣고 많이 알며 부처님 도 구하거든
위와 같은 불자에게 이 경을 설해주며
어떤 사람 옛 겁부터 백천억의 부처 뵙고
좋은 씨앗 심었으며 믿음이 굳거든
위와 같은 불자에게 이 경을 설해주며
어떤 사람 정진하여 자비로 마음 닦으며
신명 아니 아끼거든 이 경을 설해주며
만일 어떤 불자들이 한결같이 공명하며

어리석음 여의고서 산수간에 홀로 있는
위와 같은 사람에게 《법화경》을 설하여라.
또한 사리불아 만일 어떤 한 사람이
나쁜 지식을 버리고서 선지식을 뵙거든
위와 같은 사람에게 《법화경》을 설하여라.
만일 어떤 불자들이 깨끗한 계율 가지되
밝은 구슬 같이 하고 대승경을 구하는 이
위와 같은 사람에게 《법화경》을 설하여라.
어떤 사람 성냄 없이 마음 곧고 부드러워
온갖 중생 사랑하고 여러 부처 공양하거든
이와 같은 사람에게 《법화경》을 설하여라.
또한 어떤 불자들이 여러 대중 가운데서
청정한 마음으로써 여러 가지 인연들과
비유들과 언사들로 걸림없이 설법하면
위와 같은 사람에게 《법화경》을 설해 주며
만일 어떤 비구들이 모든 지혜 위하여서
사방으로 법 구하며 합장하며 받들면서

대승경을 즐겨 믿고 그 밖의 다른 경전
한 게송도 안 받으면 그와 같은 사람에겐
《법화경》을 설하여라.
뜻과 마음 견고하여 부처님 사리 구하며
《법화경》을 구하여서 정수리에 받들면은
그 사람은 이제 다시 다른 경전 구함 없고
없던 것을 얻었으니 외도 경전 안 보나니
이러한 사람에게 《법화경》을 설하여라.
사리불아, 말하노니 이러한 모양으로
부처님 도 구하는 이 겁 다해도 끝이 없어
이와 같은 사람들은 능히 믿고 이해하리니
반드시 그런 이에게 《법화경》을 설하여라.

사 경 본

법화경 사경①

2021(불기2565)년 2월 9일 초판 1쇄 인쇄
2024(불기2568)년 6월 13일 초판 4쇄 발행

편 집·편 집 실
발행인·김 동 금
만든곳·우리출판사

서울특별시 서대문구 경기대로9길 62
☎ (02)313-5047, 313-5056
Fax. (02)393-9696
wooribooks@hanmail.net
www.wooribooks.com
등록 : 제9-139호

ISBN 978-89-7561-346-3 13220

정가 6,000원